천국 패·스·포·트

| 이진희 지음 |

쿰란출판사

이 책을
칠순을 맞이하신 어머니 **성명희** 님께
헌정합니다.

들어가는 말   KINGDOM OF GOD PASSPORT

　미국으로 여행해보신 분들은 다 아시듯이, 미국 공항에 도착해서 맨 처음 밟는 절차가 입국 심사대를 통과하는 일입니다. 같은 비행기를 타고 왔지만 입국 심사대 앞에서는 미국 패스포트(passport, 여권)를 가진 사람과 그렇지 않은 사람이 서는 줄이 다릅니다. 미국 패스포트를 가진 사람들은 조금도 걱정하거나 두려워하지 않습니다. 당당하게 입국 심사대를 통과합니다. 자기네 나라에 들어가는 것이기 때문입니다.

　그러나 미국 패스포트가 없는 사람들은, 비록 비자나 영주권을 갖고 있다고 할지라도 마음 졸이면서 초조하게 차례를 기다립니다. 영주권자는 그래도 덜 까다롭지만, 비자만 받아가지고 온 사람들은 꼬치꼬치 심문(?)합니다. 그런 다음 그들이 얼마나 미국에 머물러 있어도 되는지를 결정해서 도장을 찍어줍니다.

　그러나 모두가 입국 심사대를 통과하는 것은 아닙니다. 입국을 거절당하는 사람도 있습니다. 내가 아는 어떤 사람은 미국 입국을 거절당하고 그 다음날 온 가족과 함께 한국으로 되돌아왔습니다. 한국에서 미국 간다고 짐 다 싸가지고 왔는데, 인사 다 하고 왔는데, 그 다음 날로 돌아와야 하는 황당한 일이 생긴 것입니다.

　우리가 천국에 들어갈 때도 입국 심사대를 거쳐야 할 것입니다.

그 때 천국 패스포트를 가진 사람은 조금도 두려움 없이 입국 심사대 앞에 서게 될 것입니다. 그리고 당당하게 입국 심사대를 통과해서 자랑스럽게 그 나라에 입국하게 될 것입니다.

베트남에서 미국이 마지막 철수할 때 일입니다. 미군 헬기 한 대가 산골마을에 내렸습니다. 수많은 사람들이 몰려들어 밀고 당기면서 그 헬기를 타려고 난리였습니다. 그 비행기를 타면 사는 것이고 그렇지 않으면 죽을 수도 있습니다. 거기에는 월남 주민도 있었고 한국군도 있었고 미국 사람들도 있었습니다. 헬기에서 미군이 내리더니 크게 외쳤습니다.

"여러분 가운데 미국 시민 있습니까?"

"여기요, 여기요."

몇몇이 여권을 흔들어 보이면서 소리쳤습니다. 잠시 후 그 헬기는 그 사람들만 태우고는 급하게 어디론가 사라져버렸습니다. 수많은 사람들이 태워달라고 아우성을 쳤지만 아무 소용이 없었습니다. 오직 미국 시민권을 가진 사람만 구조했던 것입니다.

마지막 날에도 이런 일이 생기지 않겠습니까? 구원해달라고 소리쳐도 애원해도 소용이 없습니다. 오직 천국 시민권을 가진 사람만이 구원을 받을 수 있습니다. 그 날에 천국 시민권을 가지지 못한 자는 "밖에 던져 슬피 울며 이를 갈게"(마 25:30) 될 것입니다.

미국에서 영주권 없이 살아가는 사람들은 꿈에도 소원이 영주권을 얻는 것입니다. 영주권을 얻기 위해 얼마나 애를 쓰는지 모릅니다. 그러나 이 땅에서 살아가는데 필요한 영주권이나 시민권에는 관심이 많지만, 하늘나라 시민권에 대해서는 그렇지 않은 것 같습니다. 하지만 어떻게 천국 시민권을 로마 시민권이나 미국 시민권 같은 것에 어떻게 비교할 수 있겠습니까? 천국 시민권의 가치를 잘 모르는 것 같아 안타까울 뿐입니다.

천국 시민권 또는 천국 패스포트라는 단어들을 들으면서 중세 시대에 로마 교황청에서 발급했던 면죄부를 떠올리는 분이 있을지도 모르겠습니다. 천국 패스포트라는 표현은 비유적으로 사용하는 단어일 뿐, 그 이상도 그 이하도 아닙니다.

천국 패스포트는 면죄부와는 전혀 다릅니다. 면죄부는 돈을 주고 살 수 있는 것이었지만, 천국 시민권은 돈 주고 살 수 있는 것이 아닙니다. 면죄부는 천국 입국 심사대에서 통하지 않습니다. 로마 교황청에서 발행해 준 가짜 증명서이기 때문입니다. 오직 예수님께서 발급해주신 천국 시민권을 가진 사람이라야 천국 입국 심사대를 통과할 수 있습니다.

이 책을 읽는 독자들은 대부분이 이미 천국 시민권자일 것이라고 생각합니다. 그런 분들은 이 책을 통해 다시 한 번 구원의 감격과 기쁨을 맛볼 수 있게 되기를 바랍니다. 그리고 더욱 더 분명한 구원의 확신과 소망 가운데 천국 시민권자로서 하나님의 자녀답게 살아가시기를 바랍니다. 혹 아직 천국 시민이 되지 못하신 분들은 이 책을 통해 천국 시민권자가 되시기를 바랍니다. 그리고 그 날에 당당하게 천국 입국 심사대를 통과할 수 있게 되기를 기도합니다.

"우리의 시민권은 하늘에 있으니 우리는 그 곳으로부터 구주로 오실 주 예수 그리스도를 기다리고 있습니다"(빌 3:20).

2007년 9월 달라스에서
이진희

목 차   KINGDOM OF GOD PASSPORT

들어가는 말 ‖ 4 ‖

천국 입국 시 필요한 천국 패스포트

1. 천ㅣ국ㅣ패ㅣ스ㅣ포ㅣ트ㅣ가 있어야
천국 입국 심사대를 통과할 수 있다 ‖ 11 ‖

천국 패스포트 신청 자격

2. 천ㅣ국ㅣ패ㅣ스ㅣ포ㅣ트ㅣ는
천국 시민권자에게만 주어진다 (1) ‖ 33 ‖

3. 천ㅣ국ㅣ패ㅣ스ㅣ포ㅣ트ㅣ는
천국 시민권자에게만 주어진다 (2) ‖ 45 ‖

4. 천ㅣ국ㅣ패ㅣ스ㅣ포ㅣ트ㅣ는
천국 시민권자에게만 주어진다 (3) ‖ 55 ‖

천국 패스포트 발급 요건

5. 천ㅣ국ㅣ패ㅣ스ㅣ포ㅣ트ㅣ는
예수님을 영접한 사람에게만 주어진다 ‖ 71 ‖

6. 천ㅣ국ㅣ패ㅣ스ㅣ포ㅣ트ㅣ는
예수님의 보혈로 죄 씻음을 받은 사람에게만 주어진다 (1) ‖ 89 ‖

7. 천|국|패|스|포|트|는
   　　예수님의 보혈로 죄 씻음을 받은 사람에게만 주어진다 (2) ‖ 111 ‖

8. 천|국|패|스|포|트|는
   　　믿음을 통해서 의롭다 인정받은 사람에게만 주어진다 ‖ 131 ‖

9. 천|국|패|스|포|트|는
   　　예수님을 구세주와 주님으로 고백하는 사람에게만 주어진다 ‖ 147 ‖

10. 천|국|패|스|포|트|는
    　　진정으로 회개한 사람에게만 주어진다 (1) ‖ 161 ‖

11. 천|국|패|스|포|트|는
    　　진정으로 회개한 사람에게만 주어진다 (2) ‖ 179 ‖

12. 천|국|패|스|포|트|는
    　　진정으로 회개한 사람에게만 주어진다 (3) ‖ 197 ‖

13. 천|국|패|스|포|트|는
    　　거듭난 사람에게만 주어진다 ‖ 213 ‖

천국 패스포트 유효 기간

14. 천|국|패|스|포|트|는
    　　믿음을 지키는 동안에만 유효하다 ‖ 229 ‖

1_ 천국 패스포트가 있어야 천국 입국 심사대를 통과할 수 있다

하나님은 우리에게 영원을 사모하는 마음을 주셨다 | 성경 전체를 여덟 자로 줄이면-예수 천국, 불신 지옥 | 지옥을 부정한다고 해서 지옥이 없는 것은 아니다 | 지옥은 지옥 같은 것은 없다고 믿던 사람들이 가는 곳이다 | 지옥에 대한 경고에 귀를 기울이지 않은 사람들이 지옥에 간다 | 천국 패스포트가 있어야 천국 입국 심사대를 통과할 수 있다 | 생명록에 기록된 사람만이 천국에 들어갈 수 있다

우리의 시민권은 하늘에 있습니다. 그곳으로부터 우리는 구주로 오실 예수 그리스도를 기다리고 있습니다.

빌립보서 3:20

하나님은 우리에게 영원을 사모하는 마음을 주셨다

영원이라는 시간은 도대체 얼마나 긴 시간일까? 지구가 쇳덩어리로 만들어져 있다고 치자. 100년에 한 번씩 독수리가 날아와서 부리로 찍거나 또는 100년에 한 번씩 천사가 긴 옷자락을 스치고 지나가서 쇳덩어리로 만든 지구가 다 닳아 없어지는 시간을 영원에 비유할 수 있을 것이다.

인류 역사상 가장 오래된 문학작품은 B.C. 3천 년 전 점토판에 쓰여진 '길가메쉬 서사시'이다. 저자는 수메르 인으로, 지금의 이라크 민족의 조상들이다.

'길가메쉬 서사시'에 우트나피쉬팀이라고 하는 인물이 등장한다. 그는 친구의 죽음에 충격을 받고, '인간은 꼭 죽어야 하는가', '죽지 않고 영원히 살 수 있는 방법은 없을까' 하는 문제에 대한 깊은 생각에 잠긴다. 그러다 신의 계시를 받고 영원한 생명을 얻기 위

---

1. 천국 패스포트가 있어야 천국 입국 심사대를 통과할 수 있다.

해 길을 떠난다. 그는 천신만고 끝에 영원히 죽지 않는 약초를 얻는다. 그러나 불행하게도 집으로 돌아오는 도중 바다에서 뱀에게 불로초를 빼앗기고 만다.

인류가 남긴 최고(最古)의 기록에서도 발견할 수 있는 것처럼 인간은 영원을 추구하는 존재이다. 하나님께서 영원을 사모하는 본성을 주신 것이다.

> 하나님이 모든 것을 지으시되 때를 따라 아름답게 하셨고 또 사람들에게는 영원을 사모하는 마음을 주셨느니라(전 3:11).

니고데모라는 사람이 밤중에 몰래 예수님을 찾아왔다. 그는 국가 최고 의사결정 기관인 산헤드린 의원이었다. 그에게는 부와 명예와 권세가 있었다. 종교적으로도 존경받는 랍비였다. 성경에 정통한 사람이었고, 하나님을 잘 섬기는 매우 신실한 사람이었다. 그러나 그는 한 가지 해결할 수 없는 문제를 갖고 있었다. 영생에 관한 문제였다. 그래서 어떻게 하면 영생을 얻을 수 있는지 묻기 위해 예수님을 찾아왔던 것이다.

또 다른 율법사도 예수님을 찾아와 물었다.

> 선하신 선생님, 내가 무엇을 해야 영생을 얻겠습니까?(눅 18:18)

죽음의 문제, 영생에 관한 문제, 구원에 관한 문제가 가장 궁극적인 인간의 문제이다. 인간이 동물과 다른 점이 있다고 한다면 바로 영원을 추구하는 존재라는 점이 아니겠는가?

우리가 이 세상에 태어나기 전 모태에서 열 달을 지낸다. 그러면서 이 땅에 태어나기 위한 준비를 한다. 마찬가지로 이 땅에서의 우리의 삶은 또 다른 영원한 삶을 준비하는 기간이다.

루이스(C. S. Lewis)는 《나니아 연대기》 마지막 장에서 이렇게 말하고 있다.

"이 땅에서의 우리의 삶이 이야기의 전부가 아니다. 이 땅에서의 우리의 삶은 이야기의 시작일 뿐이다. 계속 이어지게 될 이야기의 표지와 제목에 불과하다. 우리는 아직 1장도 시작하지 않은 것이다. 우리의 이야기는 무대를 바꾸어 영원히 계속 이어질 것이다."

> 땅에 있는 우리의 장막집이 무너지면, 하나님께서 지으신 집, 곧 사람의 손으로 지은 것이 아니라 하늘에 있는 영원한 집이 우리에게 있는 줄 압니다 (고후 5:1).

> 사실 우리에게는 이 땅 위에 영원한 도시가 없고, 우리는 장차 올 도시를 찾고 있습니다(히 13:14).

우리는 영원을 바라보며 살아가야 한다. 영원한 삶을 추구해야 한다. 우리의 진정한 소망은 저 하늘나라에 두어야 한다. 이 땅에만 소망을 두고 살아가면 이 세상을 떠나는 날 모든 소망이 끊어지겠지만, 저 하늘 나라에 소망을 두고 살아가는 사람은 이 세상을 떠나는 날 가장 큰 소망이 이루어지게 될 것이다. 주님과 더불어 영생복락을 누리게 될 것이기 때문이다.

그러나 오늘날 얼마나 많은 기독교인들이 진정으로 하늘나라를 사모하며 하늘나라에 소망을 두고 살아가고 있는가? 먼저 그의 나라와 그의 의를 구하는 사람이 얼마나 되겠는가? 모두가 다 "여기가 좋

1. 천국 패스포트가 있어야 천국 입국 심사대를 통과할 수 있다.

사오니" 하면서 이 세상에서 영원히 살 것처럼 살아가고 있지 않은가?

복음성가 가운데 이러한 찬양이 있다.

> 죄 많은 이 세상은 내 집 아니네 내 모든 보화는 저 하늘에 있네
> 저 천국 문을 열고 나를 부르네 나는 이 세상에 정들 수 없도다
> 오 주님 같은 친구 없도다 저 천국 없으면 난 어떻게 하나
> 저 천국 문을 열고 나를 부르네 나는 이 세상에 정들 수 없도다.

이 찬송은 현실 부정적이며 도피적이라는 생각 때문에 부르기를 꺼려하는 사람들도 있다. 그러나 우리의 문제는, C. S. 루이스가 말한 대로 그러한 신앙과 삶이 너무 약하고 우리의 신앙이 너무 현실 지향적이라는 데 있다.

혹시 당신은 천국이나 지옥, 영생, 부활 같은 것을 유치한 개념으로 생각하지는 않는가? 21세기를 사는 현대인들에게는 그런 이야기가 통하지 않는다고 생각하고 있지는 않는가? 예수님을 믿긴 하지만 그런 것과는 상관없이 믿고 있지는 않는가?

"높이 나는 새가 멀리 본다." 리처드 바크가 쓴 《갈매기의 꿈》에 나오는 말이다. 이 세상에 얽매여 살지 말고, 원대한 비전을 갖고 살라는 뜻이다. 반대로 《낮게 나는 참새가 자세히 본다》는 시집도 있다. 참새는 낮게 난다. 먹이를 찾기 위해서다. 갯벌에 가보면 갈매기들도 먹이를 찾기 위해 다 낮게 날고 있다. 높이 나는 갈매기는 보기 어렵다.

멀리 보기 위해서는 높이 날아야 하고 자세히 보기 위해서는 낮게 날아야 한다. 높이 날아야 할 때도 있고 낮게 날아야 할 때도 있

다. 그러나 우리는 참새나 갯벌의 갈매기처럼 먹이를 찾느라고 바빠서 높이 나는 법을 잊어버리고 있는 것 같다. 하나님을 바라보지 않고, 영원을 추구하지 않고, '그의 나라와 그의 의'는 구하지 않고, 오늘 무엇을 먹을까 무엇을 마실까 하는 것에만 집착해서 살고 있지는 않은지 돌아볼 일이다.

성경 전체를 여덟 자로 줄이면?

성경은 구약 39권과 신약 27권을 합해서 66권으로 이루어져 있다. 장수로는 구약이 929장, 신약이 260장, 합계 1,189장이다. 절수는 신·구약 합해서 30,993절이다. 신·구약 66권 1,189장 30,993절을 단 한 구절로 요약해보라고 하면 어떤 성경 구절을 말할 수 있겠는가?

20세기 최고의 신학자였던 칼 바르트가 국제적인 신학 세미나에 참석했을 때 이런 질문을 받았다. "당신은 성경을 많이 연구했는데, 성경을 한마디로 요약하면 무엇이라고 할 수 있겠습니까?" 칼 바르트는, "예수 사랑하심을 성경에서 배웠네"라는 찬송가로 대답을 했다. 의외로 너무 평범한 대답을 한 것이다.

> 하나님이 세상을 이처럼 사랑하사 독생자를 주셨으니 이는 저를 믿는 자마다 멸망치 않고 영생을 얻게 하심이니라(요 3:16).

마틴 루터도 요한복음 3장 16절을 성경의 축소판이라고 했다. 그리고 복음서 중의 복음이라고 불렀다. 복음의 진수, 복음의 알맹이가

1. **천국 패스포트**가 있어야 천국 입국 심사대를 통과할 수 있다.

이 한 구절 속에 다 들어 있다는 것이다.

우리말로 요한복음 3장 16절은 모두 48자다. 이것을 더 간단히 여덟 자로 줄여 보라.

요한복음 3장 16절은 예수 믿으면 영생을 얻는다고 말씀하고 있다. 그러면 예수를 믿지 않으면 어떻게 되는가?

> 아들을 믿는 사람은 심판을 받지 않는다. 그러나 믿지 않는 사람은 이미 심판 받았다. 그것은 하나님의 독생자의 이름을 믿지 않았기 때문이다(요 3:18).

> 아들을 믿는 사람에게는 영생이 있다. 아들에게 순종하지 않는 사람은 생명을 얻지 못하고, 도리어 하나님의 진노를 산다(요 3:36).

"예수 천당, 불신 지옥!"

이것이 성경 전체를 여덟 자로 줄인 말이다. 성경 전체의 핵심이다. 하지만 "예수 천당, 불신 지옥!" 하면 지하철이 가장 먼저 떠오를 것이다. 지하철에서 쉰 목소리로 "예수 천당, 불신 지옥!" 하며 하루 종일 외치면서 다니는 사람들이 있다. 같은 기독교인이 봐도 얼굴이 찌푸려지고 민망할 때가 많다. 믿지 않는 사람들도 거부감이 클 것이다.

이처럼 달가워하지 않는 말임에도 불구하고 "예수 천당, 불신 지옥!"은 기독교의 핵심이다. 신구약 성경 66권을 짜고 또 짜면 마지막 나오는 엑기스, 그것이 바로 "예수 천당, 불신 지옥!"이다. 이것을 믿으면 성경을 다 믿는 것이고, 성경의 다른 것을 다 믿어도 이것을 믿지 못하면 아무것도 믿지 않는 것이다.

"예수 천당, 불신 지옥!"이라는 말의 '저작권'(?)은 원래 최봉석 목사님이 갖고 있다. 최권능 목사님이라는 별명으로 더 널리 알려진 그분은 전도에 미쳐서 평생 방방곡곡을 다니면서 "예수 천당, 불신 지옥!"만을 외쳤다. 그 옛날에 벌써 복음의 핵심을 바로 알았던 것이다. 그리고 그 말을 듣고 수없이 많은 영혼들이 구원을 받았다. 지금은 콧방귀도 뀌지 않지만 지금부터 100년 전에는 그렇지 않았다. 당시 일제 치하에서 시달리던 사람들에게 예수 믿으면 구원받고 영생복락을 누리게 된다는 이 메시지는 살아 있는 희망이자 소망이었고 큰 위안이었던 것이다.

최봉석 목사님이 복음을 전하다가 감옥에 갇혔다. 그는 매를 한 대씩 맞을 때마다 "예수 천당, 불신 지옥!"을 한 마디씩 번갈아가며 외쳤다. 매를 맞고 고문을 당하면서도 그의 입에서 나오는 것은 "예수 천당, 불신 지옥!"뿐이었다.

한번은 그를 고문하던 일본 형사가, "당신은 예수 천당에 미쳐있는데, 그놈의 천당이 도대체 어디 있는 거요? 내게 좀 보여주시오"라고 했다. 목사님의 답이 걸작이었다. "천국 본점은 보여드릴 수 없고 지점은 보여드릴 수 있소이다. 여기 내 마음속에 천국 지점이 있소이다."

최봉석 목사님이 박해와 고문 멸시를 다 참을 수 있었던 것은, 저 강 건너편 화려하게 보이는 예루살렘 그 집에서 주님의 얼굴을 뵈오리라고 하는 천국에 대한 소망이 있었기 때문이다. 수많은 순교자들이 순교할 수 있었던 것은 바로 천국에 대한 소망이 있었기 때문이다. 저 천국을 소망하며 살아가는 사람은 그 마음속에도 천국이 있다. 천국을 소망하며 살아가는 사람들은 지금 여기에서도 천국을 누리며 살아간다.

1. 천국 패스포트가 있어야 천국 입국 심사대를 통과할 수 있다.

지옥을 부정한다고 해서 지옥이 없는 것은 아니다

"예수 천국, 불신 지옥!" 우리는 이 말을 별로 좋아하지 않는다. 틀린 말은 아니지만 너무 직설적이고, 또 안 믿는 사람은 듣고 기분 언짢아하기도 한다. 예수 안 믿으면 지옥 간다는 협박처럼 들릴 수도 있다.

어떤 사람이 전도를 하고 있었다.

"예수 믿고 천국 가세요. 그렇지 않으면 지옥에 가게 됩니다."

"지옥 같은 것이 어디 있습니까? 그런 곳은 없습니다. 난 그런 곳 믿지 않습니다."

"그래요? 그럼 예수 믿지 말고 나중에 지옥에나 가세요."

그러자 상대방이 버럭 화를 냈다.

"아니, 왜 화를 내세요? 당신이 금방 지옥 같은 곳은 없다고 그러지 않았습니까? 당신이 말한 것처럼 지옥이 없다면 지옥에 안 갈 텐데 왜 화를 내십니까? 당신이 지금 지옥이 있음을 스스로 인정하고 있다는 사실을 아십니까?"

사람들은 왜 지옥 이야기를 싫어하고 회피하는 것일까? 지옥이 없다고 확신하기 때문이 아니라 사실은 지옥이 있을지도 모른다고 생각하기 때문이다. 지옥을 부정하면서도 지옥에 대한 두려움이 있는 것이다.

오늘날은 교회에서도 천국이나 지옥에 대한 설교를 잘 들을 수 없다. 고리타분하고 시대에 뒤떨어진 이야기로 치부한다. 영생, 내세, 하늘나라, 천국 등은 장례식장에 가야 겨우 들을 수 있다. 하늘나라 이야기는 지성인들과 어울리지 않는 것으로 여겨지고 있다. 하늘나라는 장례식장에서 유가족을 위로하기 위하여 필요한 것이 되고 말았다.

마귀 대장이 부하들에게 주일날 교회마다 가서 무슨 설교를 하는지 들어보고 오라고 보냈다. 그들이 설교를 듣고 돌아왔다. "그래 무슨 설교를 듣고 왔느냐? 지옥에 관해 설교하는 목사가 있더냐?" 그런데 한결같이 한 사람도 없었다고 보고했다. 그러자 마귀 대장은 박수를 치며 "됐다! 이제 지옥은 대만원을 이룰 것이다"라고 호언장담을 했다.

목사가 강단에서 지옥에 관한 설교를 많이 하면 할수록 지옥 가는 교인들이 줄어든다는 말이 있다. 지옥에 관한 설교가 줄어들수록 지옥에 가게 될 교인들이 많아질 것이다.

해군 함대에 군목이 새로 부임했다. 사병들이 물었다.
"군목님은 지옥이 있다고 믿습니까?"
"안 믿는다."
그러자 사병들이 말했다.
"군목님 말대로 지옥이 없다고 하면 우리에게는 당신이 필요 없습니다. 지옥이 없는데 목사가 왜 필요합니까? 또 만일에 지옥이 있다고 한다면, 당신은 우리를 잘못된 길로 인도하는 것이 될 것이고 우리는 멸망의 길로 가게 될 테니 우리에게는 당신이 필요 없습니다. 그러니 돌아가시지요."

지옥 같은 것은 없다고 생각하는 사람이 있었다. 여행을 하다가 주유소에서 기름을 넣은 뒤 휴식을 취하기 위해 차를 대놓고 잠깐 눈을 붙였다. 잠시 후 눈을 떠보니 'hell'이라는 네온사인이 눈에 가득 들어왔다. 순간 지옥에 왔다는 생각이 들어 가슴이 덜컥 내려 앉았다. 그런데 다시 정신을 차리고 보니까 'hell' 앞에 'S' 자가 전봇대에 가려 있었다. 'Shell' 주유소 간판이었던 것이다. 그 뒤로 그 사람

1. **천국 패스포트**가 있어야 천국 입국 심사대를 통과할 수 있다.

은 신앙생활을 잘 했다고 한다.

어떤 사람은, 천국은 있을지 몰라도 지옥 같은 것은 없을 것이라고 생각한다. 하나님은 사랑의 하나님이시기 때문에 지옥 같은 것은 만들어놓지 않았을 것이라고 믿는 것이다. 그러나 지옥은 하나님의 자녀들이 가는 곳이 아니다. 그곳은 사단과 악한 영들과 그들의 추종자들을 위해 만들어놓은 곳이라고 성경은 말씀하고 있다. 하나님을 따르지 않고 사단, 마귀, 악한 영들을 추종하는 자들만이 가는 곳이다.

만에 하나라도 지옥이 있다고 한다면, 어떻게 하겠는가? 지옥 같은 것은 없다고 믿었는데, 죽어서 보니까 지옥이 있다면 어떻게 하겠는가? 지옥이 있다고 믿어서 손해 볼 것은 하나도 없다. 그러나 지옥이 없다고 생각하면, 그 사람은 결국 지옥에 가게 될 것이다.

지옥은 지옥 같은 것은 없다고 믿던 사람들이 가는 곳이다

거지 나사로는 죽어서 하나님 나라에 갔다. 그러나 불행히도 부자는 지옥에 가고 말았다. 그는 아브라함에게 간청을 했다.

"아브라함이시여, 저의 입술에 물 한 방울만 축여 주십시오."

불구덩이에서 나오게 해 달라는 간청이 아니었다. 물 한 모금만 마시게 해달라고 하지도 않았다. 물 한 방울만 입술에 축여 달라고 했다. 그것이 지옥에 간 사람의 소원이었다.

지옥에 간 사람의 소원이 또 하나 있다.

"아브라함이여, 저에게는 한 가지 소원이 있습니다. 저에게는 저 세상에 형제들이 많이 있습니다. 당신 품에 안겨 있는 나사로를 그들에게 보내셔서, 내가 이곳에 와서 얼마나 고통을 당하고 있는지 알게 해주십시오. 그들만큼은 이곳에 오지 않게 해주십시오."

그러자 아브라함이 대답한다.

"아니다. 저 세상에도 지옥과 천국이 있음을 알려주고 있는 사람들이 많이 있단다. 만일 네 형제들이 그들의 말을 듣지 않으면, 죽은 사람이 돌아가서 천국과 지옥이 있다고 말하더라도 안 믿을 것이다."

지옥 간 사람의 가장 큰 소원은 지옥이 있는 것을 모르는 사람들에게 지옥이 있다는 것을 알려주는 것이다. 그래야 지옥에 오지 않을 것이기 때문이다. 지옥이 있는 줄 알고도 지옥에 간 사람은 단 한 사람도 없을 것이다.

런던 부두에서 일하는 한 고아가 있었다. 미국에 가면 잘 살 수 있다는 이야기를 듣고는 열심히 돈을 모아 미국 가는 배표를 끊었다. 3등 칸에 탔지만 그래도 미국만 가면 잘 살 수 있다는 희망에 부풀었다.

그의 주머니에는 돈이 한 푼도 남아 있지 않았다. 있는 돈 다 털어서 배표를 샀기 때문이다. 식사 시간에 사람들이 우르르 식당으로 몰려갔지만 이 아이는 배 한 편에 쭈그리고 앉아서 물만 들이켰다. 사흘이 지나고 나흘째 되는 날 방송에서 날씨 관계로 미국 입항이 며칠 늦어질 것이라는 소식이 흘러나왔다. 이 아이는 그때까지 도저히 굶을 자신이 없어서 식당으로 달려가 정신없이 먹었다. 배가 불러오자 슬슬 걱정이 되었다. 밥값이 없었기 때문이다.

그런데 옆에 있는 사람들을 보니까 이상했다. 다들 밥값을 내지 않고 나가고 있었다. 알고 보니까 밥값은 배삯에 포함되어 있었던 것이다. 이 아이는 그것을 몰라서 4일 동안이나 쫄쫄 굶어야 했었다.

1. 천국 패스포트가 있어야 천국 입국 심사대를 통과할 수 있다.

죄를 졌다고 다 지옥에 가는 것은 아니다. 딱 한 가지를 몰라서 그곳에 가는 것이다. 지옥이 있다는 사실을 몰랐기 때문이다.

한번은 자동차를 만든 헨리 포드가 지나가는데, 차가 고장 나서 서 있었다. 포드는 다가가서 둘러보더니 망치로 몇 군데 툭툭 치고 나사 몇 개를 조였다. 그러고는 차 주인에게 다 됐으니 시동을 걸어 보라고 했다.

신기하게도 시동이 걸렸다. 차 주인이 물었다.

"얼마나 주면 되겠소?"

"백 달러만 주십시오."

"예? 망치로 몇 번 두들기고 나사 몇 개 조인 게 전부 아닙니까? 그런데 무슨 백 달러를 달라고 하는 겁니까?"

그러자 헨리 포드는 영수증을 써서 내밀었다.

'나사 조이고 망치로 몇 번 친 값 1달러, 어디를 쳐야 하고 어디를 조여야 하는지 알아낸 값 99달러. 총 100달러.'

안다는 것이 이렇게 중요하다. 지옥도 몰라서 가는 것이지 알면 한 사람도 안 갈 것이다. 예수 믿으면 구원 받고 천국 갈 수 있다는 것을 모르기 때문에 구원을 받지 못하고 지옥에 가는 사람들이 얼마나 많은가?

전도란 지옥이 있는 것을 아는 사람이 그것을 모르는 사람에게 지옥이 있음을 알려주는 것이다. 우리가 여러 가지 다양한 방법으로 그리고 고상한 말로 전도를 하지만, 결국은 "너 예수 믿고 천국가야지, 그렇지 않으면 지옥에 가게 돼"라는 말로 요약할 수 있다. 그래서 최봉석 목사님은 평생 "예수 천당, 불신 지옥!"을 외쳤던 것이다. 오늘날은 그런 전도법이 먹히지 않을지 몰라도 우리에게 "예수 천당, 불신 지옥!"의 확신이 있어야 한다. 그리고 그런 확신으로 죽어가는 영혼을 구해야 한다.

지옥에 대한 경고에 귀를 기울이지 않은 사람들이 지옥에 간다

어느 극장에서 유명한 코미디언이 나와 공연을 하고 있었다. 한창 재미있게 코미디를 하던 그는 갑자기, 지금 극장에 불이 났으니 빨리 대피하라고 알렸다. 그러나 관중들이 폭소를 터뜨렸다. 코미디언이 진지하게 다시 한번 화재 사실을 전했지만 관중들은 박장대소를 하며 배꼽을 쥐고 웃었다. 그의 말은 사실이었지만 관중들은 그 말을 농담으로 받아들이고 대피하지 않았다. 그래서 큰 피해를 입은 일이 있었다고 한다.

미국에 와서 처음 산 차(물론 중고차였다)를 몇 년 안 되어 폐차시킨 경험이 있다. 위치타(Wichita)에서 털사(Tulsa)로 수업이 있어서 가는 도중에 고속도로에서 차가 서 버렸다. 견인을 해서 정비소에 가서 점검해본 결과, 엔진 오일이 다 새서 엔진이 타버렸던 것이다.

엔진에 이상이 있으면 엔진을 점검하라고 하는 경고 사인이 들어온다. 그런 경고가 며칠 전부터 계속 들어왔는데 그것을 그냥 무시했다. 얼마 전에 엔진 오일을 갈았기 때문에 엔진 오일은 이상이 없을 것이라고 생각했던 것이다. 또 가끔씩 엔진을 체크하라는 경고등이 들어왔다 나갔다 했기 때문에 접촉 불량 정도로 여기고 별로 신경을 쓰지 않았다. 엔진을 체크하라는 경고를 무시한 결과, 몇 년 더 탈 수 있는 차였는데, 폐차해야만 했다.

미국이 일본 히로시마에 원자탄을 투하하기 전에 경고문을 뿌렸다. "광도 시민 여러분! 1945년 8월 6일 오전 OO시까지 광도에서 50

---

1. **천국 패스포트**가 있어야 천국 입국 심사대를 통과할 수 있다.

리 밖으로 도피하십시오."

무서운 원자탄이 투하될 것이라고 경고했지만 일본 사람들 대다수는 그 경고를 무시했다. 극소수의 사람만이 경고를 받아들였다. 드디어 8월 6일, 비행기 두 대가 날아와서 히로시마 상공을 몇 차례 선회하더니 검은 물체를 떨어뜨렸다. '꽝' 하는 굉음과 함께 버섯구름이 솟구치며 30만 명이 순식간에 타 죽었다. 그들이 희생을 당한 이유는 분명했다. 경고를 받아들이지 않았기 때문이다.

아담과 하와는 선악과를 따먹지 말라는 하나님의 경고에 귀를 기울이지 않고, 선악과를 따 먹었다. 그 결과 에덴 동산에서 쫓겨났다. 생명나무 실과를 먹고 영생할 수 있는 기회를 영원히 잃어버리고 만 것이다.

노아의 대홍수가 일어나기 전 하나님은 노아에게 경고를 보내셨다. 그때 노아는 하나님의 말씀에 귀 기울였다.

> 믿음으로 노아는, 하나님께서 아직 보이지 않는 일들에 대하여 경고하셨을 때에, 하나님을 경외하고 방주를 마련하여 자기 가족을 구원하였습니다(히 11:7).

소돔과 고모라 성이 멸망당하기 전 하나님은 아브라함을 통하여 롯의 가족들에게 경고를 했다. 그러나 롯의 사위들은 하나님의 무서운 심판의 경고를 '농담'으로 받아들였다(창 19:14). 결국 그들은 소돔과 고모라 성과 함께 심판을 받고 말았다.

어느 목사님이 기도를 하고 있는데 하나님의 음성이 들렸다.

"내 종아, 너는 교인들에게 지옥에 관한 설교를 했느냐?"

"예, 지난번에 한 번 했습니다."

"한 번으로 부족하다. 한 번 더 하거라."

"예, 그렇게 하겠습니다."

그런데 지옥에 관한 설교를 한 번 더 들은 교인들이 못마땅해 했다.

그 주일이 지나고 기도하는데, 또 하나님의 음성이 들렸다.

"내 종아, 이번 주에 한 번 더 하거라."

"지난 주에도 하고 지지난 주에도 했는데, 이번 주에 또 하라는 말씀입니까?"

"그렇다."

그래서 그 주에 지옥에 관한 설교를 한 번 더 했다고 한다. 그랬더니 교인들이 아주 심각하게 설교를 들었다고 한다.

하나님의 소원은 모든 사람이 다 구원을 얻는 것이다. 그래서 성경은 지옥에 대해 수도 없이 경고하고 있다. 이 경고에 귀를 기울이면 천국에 가지만, 그렇지 않으면 영원한 유황 불못에 던져질 것이다.

천국 패스포트가 있어야 천국 입국 심사대를 통과할 수 있다

다른 나라를 여행할 때는 반드시 입국 심사를 받아야 한다. 천국에 들어갈 때도 입국 심사대를 통과해야 한다고 상상해 보자. 이 세상을 떠난 사람들이 천국 입국 심사를 받기 위해 줄을 서서 기다리고 있다. 그때만큼 긴장되는 순간이 없을 것이다. 천국으로 가느냐 지옥으로 가느냐가 결정되는 순간이기 때문이다.

줄을 서서 기다리면서 가장 긴장하고 초조하고 불안한 사람은 누구일까? 천국이나 지옥 같은 것은 없다고 믿던 사람들이다. 얼굴이

---

1. **천국 패스포트**가 있어야 천국 입국 심사대를 통과할 수 있다.

하얗게 질려 있고 다리가 후들후들 떨리고 있다. 이들 중에 천국 입국 심사대를 통과하는 사람은 단 한 사람도 없을 것이다.

또 한 부류의 사람들이 있다. 이 사람들은 아주 당혹스러워하고 있다. 신앙생활을 열심히 하지 않은 것을 후회하고 있다. 교회를 다니긴 했지만 구원의 확신이 없는 사람들이다. 이 입국 심사대를 무사히 통과할 수 있을지 없을지 자신이 없다. 자기의 'X 파일'이 드러나는 것을 염려하며 전전긍긍하고 있다.

셋째 종류의 사람들이 있다. 이 사람들은 너무너무 신나 있다. 연신 "할렐루야, 아멘", "할렐루야, 아멘"을 외치고 있다. 서로 부둥켜 안고 좋아서 어쩔 줄 모른다. 영원히 천국에서 영생 복락을 누리게 될 기대로 가득 차 있는 사람들이다.

입국 심사대에서는 천국 시민권을 제일 먼저 볼 것이다. 이 천국 시민권을 갖지 못한 사람은 절대 들여보내지 않는다. 하늘나라의 생명록에 이름이 기록된 천국 시민권자만이 천국 심사대를 통과해서 천국 문으로 들어간다.

지옥은 비자 없이도 들어갈 수 있다. 그곳에 들어갈 때는 비자 검사를 하지 않는다. 무비자다. 그러나 하나님의 나라는 그렇지 않다. 반드시 천국 시민권이 있어야 한다.

바울은 유대인이었지만, 로마의 시민권을 갖고 있었다. 당시에 로마 시민권을 갖고 있다는 것은 대단한 일이었다. 아무나 가질 수 없었다. 로마 시민권을 가진 사람은 그 누구도 함부로 대하지 못했다. 로마 시민권을 가진 사람은 로마가 보호해주었다.

바울은 누구나가 부러워하는 로마 시민권을 갖고 있었지만 자기가 로마 시민권자임을 자랑하지 않았다. 그가 자랑한 것은 로마의 시민권이 아니라 하나님 나라의 시민권이었다.

> 그러나 우리의 시민권은 하늘에 있습니다. 그곳으로부터 우리는 구주로 오실 주 예수 그리스도를 기다리고 있습니다(빌 3:20).

생명록에 기록된 사람만이 천국에 들어갈 수 있다

목사님이 새신자 심방을 갔다. 그리고 그 가족들을 위해서 일일이 이름을 부르며 기도를 해주었다. 기도를 마치기가 무섭게 막내 아이가 따졌다. "목사님, 왜 제 이름은 빼먹었어요?" 목사님이 깜빡 잊어버리고 기도하면서 빼먹은 것이다. 그것이 서운했던 것이다.

교인 명단이나 주소록이 나오면 모두들 자기 이름을 먼저 살펴본다. 그런데 자신의 이름이 빠져 있으면 기분이 어떨까? 물론 실수로 그렇게 된 것이라고 이해는 하겠지만 기분은 좋지 않을 것이다.

당신의 이름을 어디에서 보았을때 가장 기뻤는가? 대학교 합격자 명단에 이름이 들어가 있었을 때 가장 기뻤던 사람이 있을 것이다. 그런가 하면 합격자 명단에 이름이 없어서 말할 수 없이 실망했던 사람도 있을 것이다.

심판대 앞에 섰을 때에 우리 이름이 생명록에 기록되어 있으면 얼마나 기쁘겠는가? 반대로 아무리 찾아봐도 생명록에서 내 이름을 찾아볼 수 없다면 얼마나 비참하겠는가?

> 이 생명책에 기록되어 있지 않은 사람은 누구나 다 이 불바다에 던져졌습니다(계 20:15).

각 분야의 유명한 사람들을 기리기 위해 만들어놓은 '명예의 전

---

1. **천국 패스포트**가 있어야 천국 입국 심사대를 통과할 수 있다.

당' 이 있다. 그곳에 이름이 기록되는 것은 하늘의 별 따기이다. 극소수의 사람들만이 그곳에 이름을 남긴다. 그래서 '명예의 전당' 에 이름이 올라가는 것을 최고의 영예로 여긴다. 그러나 정말 우리 이름이 기록되어 있어야 할 곳은 명예의 전당이 아니라 하늘나라 생명록이다.

예수님께서 70명의 제자들을 파송했다. 그들이 돌아와서 보고했다.

"예수님, 우리가 주의 이름으로 귀신들에게 명하니까 벌벌 떨면서 다 나가는 것을 보았습니다."

그러자 예수님께서 이렇게 말씀하셨다.

"귀신들이 너희에게 굴복한다고 해서 기뻐하지 말고, 너희의 이름이 하늘에 기록된 것을 기뻐하여라"(눅 10:20).

우리의 이름이 하늘나라에 기록되어 있는 것이 지금은 별로 실감나지 않을 것이다. 그러나 우리가 천국 입국 심사대를 통과할 때 우리의 이름이 생명록에 기록된 것이 얼마나 놀라운 복인가를 깨닫게 될 것이다. 그날 아침 그곳에서 주님께서 우리의 이름을 부를 때까지는 우리의 이름이 생명록에 기록되었다고 하는 것이 무슨 의미인지 깨달을 수 없을 것이다.

성경에는 생명록에 이름이 기록된 사람들의 이름만이 나오는 것이 아니라 생명록에서 그 이름이 지워진 사람들의 이름도 나와 있다. 믿음 생활 잘 하다가 세상으로 다시 돌아간 사람들이다. 박수 받으면서 교회 앞문으로 들어왔다가 슬그머니 교회 뒷문으로 빠져나간 사람들이다.

믿음과 선한 양심을 가지십시오. 어떤 사람들은 선한 양심을 버리고, 그 신앙 생활에 파선을 당하였습니다. 그렇게 된 사람 가운데 두 사람이 바로 후메내오와 알렉산더입니다(딤전 1:19-20).

가롯 유다도 그런 사람 가운데 한 사람이다. 언젠가 지옥에 간 사람들의 명단이 발표된 적이 있다. 《Who is Who in Hell》이라는 아주 두툼한 책인데, 세계적으로 유명한 사람들의 이름도 많이 들어가 있다. 절대로 우리의 이름이 그런 곳에 기록되어서는 안 된다. 또한 하늘나라 생명록에서 지워지거나 흐려지는 일이 있어서도 안 된다. 생명록에 당신의 이름이 확실하고 분명하게 새겨져 있기를 바란다.

1. **천국 패스포트**가 있어야 천국·입국 심사대를 통과할 수 있다.

2_ 천국 패스포트는 천국 시민권자에게만 주어진다(1)

하나님은 사랑 그 자체이시다 | 하나님께서 우리를 먼저 사랑하셨다 | 하나님의 사랑은 포기하지 않는 사랑이다 | 하나님의 사랑은 아낌없이 주는 사랑이다 | 하나님의 사랑은 끊을 수 없는 사랑이다 | 하나님의 사랑은 섬기는 사랑이다 | 하나님의 사랑은 자기를 희생하는 사랑이다

하나님께서 세상을 이처럼 사랑하셔서서 외아들을 주셨으니, 이는 그를 믿는 사람마다 멸망하지 않고 영생을 얻게 하려는 것이다.
하나님께서 아들을 세상에 보내신 것은, 세상을 심판하시려는 것이 아니라, 아들을 통하여 세상을 구원하시려는 것이다.
아들을 믿는 사람은 심판을 받지 않는다. 그러나 믿지 않는 사람은 이미 심판을 받았다. 그것은 하나님의 독생자의 이름을 믿지 않았기 때문이다.

요한복음 3:16-18

한 청년이 밤에 혼자서 기도를 하고 있었다. 문득 교회에서 기도하다 사단을 보았다는 친구의 이야기가 떠올랐다. 순간 쭈뼛쭈뼛 소름이 돋았다. 혹시나 하고 뒤를 돌아다보니 시커멓게 생긴 사단이 자신을 노려보고 있는 것이 아닌가? 너무 놀라서 외마디 비명도 지를 수 없었다. 찬송을 부르면 사단이 물러간다는 말이 생각났다.

"마귀들과 싸울지라 죄악 벗은 형제여"와 같은 찬송을 부르면 사단이 한 길로 왔다가도 일곱 길로 도망가겠지만 이 청년은 너무 경황이 없어서 아무 찬송도 떠오르지 않았다.

그러나 다행히도 한 찬송가가 떠올랐다. 그는 사단을 향해서 두 손을 내밀고는 미소를 지으면서 찬송을 불렀다.

"당신은 사랑받기 위해 태어난 사람, 지금도 그 사랑 받고 있지요……."

2. 천국 패스포트는 천국 시민권자에게만 주어진다(1)

사단이 너무 기가 차고 어이가 없는 나머지, "내가 졌다"며 물러가고 말았다고 한다.

하나님은 사랑 그 자체이시다

> 주, 나 주는 자비롭고 은혜로우며, 노하기를 더디하고, 한결같은 사랑과 진실이 풍성한 하나님이다(요일 4:16).

하나님의 속성을 가장 잘 표현해주는 말이 바로 하나님은 사랑이라는 말이다.

> 여호와는 자비로우시며 은혜로우시며 노하기를 더디 하시며 인자하심이 풍부하시도다(출 34:6, 참조 시 86:15, 103:8; 욘 4:2).

하나님은 마르지 않는 사랑의 샘과 같은 분이시다. 그분에게서 무한한 사랑이 흘러나온다. 그분은 사랑이 넘쳐나는 분이시다. 바로 우리는 그런 하나님의 사랑을 받고 있다. 하나님을 사랑하지 않는 사람은 사랑을 모른다. 왜냐하면 하나님은 사랑이시기 때문이다(요일 4:8).

하나님의 사랑을 모르는 사람은 온전한 사랑을 할 수가 없다. 하나님의 사랑을 충만하게 받지 못하는 사람은 사랑보다는 미움과 질투와 시기 가운데서 살아갈 수밖에 없다. 사랑은 하나님께 속한 것이기 때문이다.

고대의 모든 종교들은 신의 노여움을 사지 않기 위해 신을 섬겼다. 신은 항상 두려움의 대상이었지, 결코 사랑의 대상이 아니었다. 신을 사랑한다는 것은 상상도 안 되는 일이었다. 신을 사랑해서 섬겼던 것이 아니라 벌 받지 않기 위해, 재앙을 당하지 않기 위해 신을 섬겼다.

우리는 벌 받을까 봐 하나님을 섬기는 것이 아니다. 반대로 복을 받기 위해 하나님을 섬기는 것도 아니다. 아직도 그런 초보적인 단계에 머물러 있다면 거기서 벗어나야 한다. 우리는 하나님의 진노를 피하기 위해 전전긍긍할 필요가 없다. 복을 받기 위해 하나님의 마음에 들려고 아부할 필요도 없다.

하나님은 마음에 들지 않으면 재앙을 내리고 마음에 들면 복을 주시는 그런 하나님이 아니다. 십자가에서 모든 저주와 진노는 다 사라졌다. 우리는 더 이상 저주와 진노 아래 살지 않는다. 우리는 두려운 마음으로 하나님을 섬기지 않는다(요일 4:18). 하나님을 사랑하기 때문에 하나님을 섬긴다.

하나님께서 우리를 먼저 사랑하셨다

> 사랑은 이 사실에 있으니, 곧 우리가 하나님을 사랑한 것이 아니라, 하나님이 우리를 사랑하셔서, 자기 아들을 보내어 우리의 죄를 위하여 화목제물이 되게 하신 것입니다(요일 4:10).

우리가 하나님을 먼저 사랑한 것이 아니라 하나님께서 우리를 먼저 사랑하셨다(요일 4:19). 우리가 하나님을 사랑하기 때문에 하나님께서 우리를 사랑하신 것도 아니다. 하나님께서 우리를 먼저 사랑하

2. 천국 패스포트는 천국 시민권자에게만 주어진다(1)

셨다. 하나님에 대한 우리의 사랑이 변한다고 할지라도 우리에 대한 하나님의 사랑은 변하지 않는다. 우리가 하나님을 사랑하지 않았을 때에도 하나님은 우리를 사랑하셨기 때문이다.

나를 사랑하는 사람만 사랑하는 사람은 하나님의 사랑을 모르는 사람이다. 사랑하되 먼저 사랑해야 한다. 상대방이 나를 사랑하지 않아도 그를 사랑할 수 있어야 한다. 하나님에게서 우리가 그런 사랑을 받았기 때문이다.

하나님의 사랑은 포기하지 않는 사랑이다

하나님께서 인간이 되셨다고 하는 것, 이것이 성경에 나오는 기적 가운데 가장 놀라운 기적이다. 모세가 홍해를 가른 것이나 예수님께서 죽은 사람을 살리신 것 등은 하나님께서 인간이 되신 기적과 비교하면 기적이라 할 수도 없다. 예수님께서 부활하신 것도 하나님께서 인간이 되신 것에 비하면 놀랄 만한 것이 못 된다.

왜 하나님은 자신을 비우시고 인간이 되셨을까? 그럴 만한 가치가 있는 일이었기 때문이다.

어떤 사람이 말 그대로 겨우 굴러다니는 차를 몰고 다녔다. 지나가는 사람들이 한 번씩 쳐다보고 갈 정도로 지저분하고 한 군데 성한 곳 없이 다 찌그러져 있었다. 달릴 때마다 요란한 소리와 함께 시커먼 매연을 내뿜었다. 하지만 그는 아무렇지도 않게 그 차를 몰고 다녔다. 그 차 뒤에는 스티커가 한 장 붙어 있었다.

"이 차는 폐차가 아닙니다."

남들에게는 폐차장에 가 있어야 할 차로 보였지만, 그 주인은 차를 소중히 여겼다. 자기 차였기 때문이었다.

　우리도 마찬가지다. 우리는 마치 폐차 직전에 놓인 이 차와 같다. 벌써 폐차장에 갖다 버렸어야 할 존재이다. 그러나 하나님은 우리를 가치 있게 여기신다. 우리를 소중히 여기시고 우리를 아끼신다.

　예수님께서 이 땅에 우리를 구원하시러 오셨다고 하는 사실은 하나님께서 우리를 포기하지 않았다고 하는 것을 보여준다. 하나님께서 우리를 포기하셨다면 우리를 구원하시기 위해 예수님을 보내지 않으셨을 것이다. 사랑은 포기하지 않는 것이다.

　당신의 자녀가 구제불능이라고 하자. 다른 사람은 다 당신의 자녀를 포기할지 몰라도, 당신은 결코 포기하지 않을 것이다. 사랑하기 때문이다.

　하나님도 마찬가지다. 아담과 하와가 죄를 범했을 때도 하나님은 포기하지 않으셨다. 그들이 다시 시작할 수 있게 새로운 환경을 허락해 주셨다. 사라에게 아들을 낳을 것이라고 했을 때 그녀는 하나님의 말씀을 믿지 못하고 비웃었다. 그럼에도 불구하고 하나님은 그녀를 포기하지 않으셨다. 이삭을 주셨다.

　출애굽 후, 이스라엘 백성들이 광야에서 하나님을 원망하고 반역했음에도 불구하고 하나님은 그들을 포기하지 않고 가나안까지 인도하셨다.

　다윗이 밧세바를 범했을 때에도 하나님은 그를 포기하지 않으셨다. 요나가 니느웨로 가지 않고 다시스로 도망갔을 때에도 하나님은 지중해 한복판까지 쫓아가서 그를 데려오셨다. 베드로는 예수님을 세 번씩이나 부인했지만 예수님은 그를 포기하지 않고 다시 불러서 사용하셨다.

　하나님께서 우리를 포기하지 않으시는 이유는 단 하나다. 우리를 사랑하시기 때문이다. 하나님은 모든 방법을 동원해 우리를 구원하시려고 했지만 우리는 불순종했고 하나님을 반역했다. 그럼에도 하나님은 포기하지 않고 마지막 방법으로 독생자를 보내주셨다.

하나님의 사랑은 포기하지 않는 사랑이다. 하나님은 결코 당신을 포기하지 않으신다. 당신을 사랑하기 때문이다.

우리는 잃어버린 한 마리 양의 비유를 잘 알고 있다. 하나님에게는 우리 안에 있는 아흔아홉 마리의 양은 물론 잃어버린 한 마리 양도 소중하다. 그 양도 사랑하기 때문이다. 사랑은 포기하지 않는 것이다.

당신이 양 우리를 떠나 목자를 떠나 곁길로 간다고 할지라도 하나님은 당신을 포기하지 않으신다. 당신을 찾기까지 계속 찾으실 것이다. 당신이 돌아올 때까지 기다리실 것이다.

하나님의 사랑은 아낌없이 주는 사랑이다

사랑은 주는 것이다. 받는 것이 아니다. "하나님이 세상을 이처럼 사랑하사" 그래서 "독생자를 주셨다!" 진정으로 사랑한다면 그 사랑을 표현해야 한다. 마음속의 사랑으로 그쳐서는 안 된다. 표현하지 않는 사랑은 의미가 없다.

또 주면서 아까운 생각이 든다면 사랑이 아니다. 아무리 주고 또 주어도 아깝지 않은 것이 사랑이다. 사랑은 조금도 아끼지 않는 것이다. 하나님은 가장 귀한 사랑하는 독생자 예수까지도 아끼지 않으시고 우리를 위해 보내주시고 죽음을 당하게 하셨다.

> 자기 아들을 아끼지 않으시고, 우리 모두를 위하여 내주신 분이, 어찌 그 아들과 함께 모든 것을 우리에게 선물로 거저 주지 않으시겠습니까?(롬 8:32)

하나님의 사랑은 끊을 수 없는 사랑이다

환난이나 곤고나 박해나 기근이나 적신이나 위험이나 칼보다 더 강력한 것이 하나님의 사랑이다. 사망이나 생명이나 천사들이나 권세자들이나 현재 일이나 장래 일이나 능력이나 높음이나 깊음이나 다른 어떤 피조물보다 더 강력한 것이 하나님의 사랑이다(롬 8:35-39). 세상의 그 어떤 것도, 어떤 세력도, 어떤 사람도, 어떤 상황도, 어떤 악한 영도, 우리를 하나님의 사랑에서 끊어놓지 못한다. 하나님께서 사랑의 줄로 우리를 영원토록 매어주실 것이다.

하나님의 사랑은 섬기는 사랑이다

달라스 신학교에 제자들의 발을 닦아주는 예수님 조각상이 있다. 예수님께서 제자들의 발을 닦아주시기 위해 무릎을 꿇고 있다. 물론 편한 자세를 취하기 위해 무릎을 꿇으셨겠지만, 그러나 거기에는 신학적으로 깊은 의미가 있다. 하나님의 아들이신 예수님께서 무릎을 꿇으신 모습 속에서 우리는 낮아짐의 극치를 볼 수 있다. 최상의 겸손을 볼 수 있다. 그리고 가장 아름다운 섬김의 모습을 볼 수 있다.

예수님은 모든 이름 위에 뛰어난 분이다. 모든 사람이 그 발 아래 무릎을 꿇고 경배해야 하는 분이시다. 그런데 그분이 제자들의 발을 닦아주시기 위해 제자들 앞에 무릎을 꿇으셨다. 제자들을 사랑하셨기 때문이다. 제자들을 사랑하시되 끝까지 사랑하셨다(요 13:1). 그러셨기 때문에 그들 앞에 무릎 꿇는 것도 마다않으시고 제자들의 발을 닦아주실 수 있었던 것이다.

예수님은 섬김을 받으러 온 것이 아니라 섬기러 오셨다. 당연히 섬김을 받아야 할 분이 오히려 섬기셨다. 때문에 그분의 섬김이 더욱 더 빛을 발하는 것이 아니겠는가?

사랑은 섬기는 것이다. 사랑하는 사람을 섬기는 것은 기쁨이다. 사랑하면 섬기게 되어 있다. 사랑하지 못하기 때문에 섬기지 못하는 것이다.

하나님의 사랑은 자기를 희생하는 사랑이다

'펭귄들의 행진' 이라는 다큐멘터리 영화가 있다. 남극에 사는 펭귄의 일상을 담았다. 황제 펭귄이 새 생명을 탄생시키기 위해 어떤 희생을 치르는가를 잘 보여주고 있다.

펭귄들은 5-6세가 되면 짝짓기를 위해 물 속에서 나와 바다에서 70마일 정도 떨어진 얼음판 위에 집결한다. 그리고 그곳에서 각자 짝을 짓고 석 달 후에 알을 낳는다.

알을 낳은 펭귄은 시속 100마일 이상의 바람이 몰아치는 영하 40도의 추위를 견디면서 알을 품는다. 석 달 정도 지나면 어미 펭귄은 한계 상황에 도달하게 된다. 아무것도 먹지 못했기 때문이다. 더 이상 굶다가는 죽게 되고 만다. 그때에 어미 펭귄은 아버지 펭귄과 교대를 한다. 이번에는 수컷이 알을 품는다. 그 사이에 암컷은 바다로 먹이를 구하러 간다. 70마일 떨어진 바다까지 가는 데만도 두 달이 걸린다.

어미가 먹이를 구해오는 동안, 아버지 펭귄은 어미 펭귄이 그랬던 것처럼 꼼짝도 안하고 매서운 눈보라를 온몸으로 맞으며 알을 품는다. 아무것도 먹지 못하고 꼬박 네 달 동안 굶으면서 알을 품는다. 그러는 동안 펭귄의 체중은 반으로 줄어든다. 새끼에게 새 생명을 주기 위해, 새 생명을 탄생시키기 위해 목숨의 위협을 무릅쓰고 그 고생을 다하는 것이다.

아버지 펭귄이 알을 네 달 동안 품고 있으면 마침내 새끼가 부화하게 된다. 그러나 새끼 펭귄에게 줄 먹을 것이 없다. 빨리 어미 펭귄이 돌아와서 새끼 펭귄에게 먹여야 한다. 시간 맞춰 돌아오지 못하면 새끼는 굶어죽고 만다. 어미 펭귄은 빨리 돌아가기 위해 죽을 힘을 다한다.

어미 펭귄이 돌아오는 동안에 아버지 펭귄은 자기가 줄 수 있는 전부를 새끼에게 준다. 신기하게도 아버지에게서 2~3일 정도 약간의 '펭귄 젓'이 나온다. 그것으로 버티는 동안 어미 펭귄이 돌아오고, 목에 넣어 가지고 온 먹이로 새끼를 먹인다. 이번에는 아버지 펭귄이 먹이를 구하러 바다로 급하게 떠난다. 그렇지 않으면 바다에 도달하기 전에 굶어서 죽고 말 것이기 때문이다.

아버지 펭귄은 혹독한 추위와 싸우면서 두 달 동안 걸어가서 먹이를 구해서 다시 두 달을 걸어 돌아온다. 새끼에게 먹이를 물어다 주기 위해 그 먼 여행을 감수 하는 것이다.

문자 그대로 펭귄들은 자기가 낳은 새끼를 살리려고 자신들의 목숨을 건다. 한 생명을 잉태하고 그 생명을 살리기 위해 자기 목숨까지 아끼지 않는다. 실제로 알을 품다가 배고픔과 추위를 견디지 못해

2. 천국 패스포트는 천국 시민권자에게만 주어진다(1)

죽는 펭귄들도 많다.
  자기 희생적인 사랑, 그것보다 더 큰 사랑이 또 어디 있겠는가? 누군가를 위해 자기 목숨을 내어놓는 것, 그것보다 더 큰 사랑이 어디 있겠는가? 예수님은 바로 자기 희생의 사랑으로 우리를 구원하시기 위해 십자가에서 돌아가셨다.

> 그리스도께서 우리를 위하여 자기 목숨을 버리셨습니다. 이것으로 우리가 사랑을 알게 되었습니다. 그러므로 우리도 형제자매를 위하여 목숨을 버리는 것이 마땅합니다(요일 3:16).

> 우리가 아직 죄인이었을 때에, 그리스도께서 우리를 위하여 죽으셨습니다. 이리하여 하나님께서는 우리들에 대한 자기의 사랑을 실증하셨습니다(롬 5:8).

  한 아이가 미술관에서 그림을 보다가 예수님 손의 못 박힌 자국을 보고는 엄마에게 물었다.
  "예수님 손이 왜 이래?"
  하나님께서 당신을 얼마나 사랑하시는지 알고 싶은가? 아직도 하나님의 사랑이 가슴에 와닿지 않는다면 십자가를 바라보라. 예수님의 손에 남아 있는 못 자국을 바라보라.

> 모든 성도와 함께 여러분이 그리스도의 사랑의 너비와 길이와 높이와 깊이가 어떠한지를 깨달을 수 있게 되고, 지식을 초월하는 그리스도의 사랑을 알게 되기를 빕니다. 그리하여 하나님의 온갖 충만하심으로 여러분이 충만하여지기를 바랍니다(엡 3:18-19).

3_ 천국 패스포트는 천국 시민권자에게만 주어진다(2)

사단은 끊임없이 우리가 하나님의 자녀라는 사실을 의심하게 만든다 | 우리가 하나님의 자녀임을 확신할 때 모든 어려움을 이겨나갈 수 있다 | 기도할 때마다 우리는 "너는 내 사랑하는 아들이다"라는 음성을 들을 수 있다

하나님께서 세상을 이처럼 사랑하셔서 외아들을 주셨으니, 이는 그를 믿는 사람마다 멸망하지 않고 영생을 얻게 하려는 것이다.
하나님께서 아들을 세상에 보내신 것은, 세상을 심판하시려는 것이 아니라, 아들을 통하여 세상을 구원하시려는 것이다.
아들을 믿는 사람은 심판을 받지 않는다. 그러나 믿지 않는 사람은 이미 심판을 받았다. 그것은 하나님의 독생자의 이름을 믿지 않았기 때문이다.

요한복음 3:16-18

로마 황제가 호위병들의 경호를 받으며 퍼레이드를 하고 있었다. 갑자기 한 꼬마가 호위병들 다리 사이로 빠져 나와서 황금 마차를 향해 뛰어가려고 했다. 당황한 호위병들이 꼬마를 붙들었다.
"너 이놈, 지금 뭐하는 거냐? 황제 폐하께서 지나가시는 걸 모르느냐?"
그 꼬마가 당당하게 대답했다.
"저분이 우리 아빠예요."
꼬마가 손을 뿌리치고 황제에게 달려가자 황제는 아들을 반갑게 맞이했다. 다들 황제 앞에서 감히 머리를 들지 못했지만, 꼬마는 황제의 무릎에 털썩 앉았다. 아들이니까 그럴 수 있었던 것이다.
대통령을 아버지라고 부르는 아이들이 있다. 그들은 백악관에 산다. 이유는 하나, 아버지가 대통령이기 때문이다. 그런가 하면 거지

3. 천국 패스포트는 천국 시민권자에게만 주어진다(2)

를 아버지라고 부르는 아이들이 있다. 그 아이들은 백악관 앞에서 구걸하며 살고 있다. 아버지가 거지이기 때문이다.

누구는 자격이 있어서 대통령의 아들이 되었고 누구는 자격이 없어서 거지의 아들이 되었는가? 아니다. 태어나기를 그렇게 태어난 것이다. 내가 이씨 성을 갖게 된 이유는 이씨 집안에서 태어났기 때문이다. 다른 이유가 없다.

우리는 하나님의 자녀가 되기 위해 한 일이 아무것도 없다. 그러나 하나님을 아버지라고 부른다. 하나님께서 우리를 당신의 자녀로 삼아주셨기 때문이다.

> 그를 맞아들인 사람들, 곧 그 이름을 믿는 사람들에게는, 하나님의 자녀가 되는 특권을 주셨다(요 1:12).

예수님을 믿는 사람들에게 주어진 가장 큰 권세가 여기 있다. 바로 하나님의 자녀가 되는 권세이다. 이 권세는 예수님을 영접하는 자들에게만 주어진다. 하나님의 자녀가 되는 길은 너무 쉽다. 예수님을 영접하기만 하면 된다. 그 이름을 믿기만 하면 된다.

> 여러분은 모두 그 믿음으로 말미암아 그리스도 예수 안에서 하나님의 자녀들입니다(갈 3:26).

앞으로 하나님의 자녀가 되는 것이 아니다. 우리는 이미 하나님의 자녀가 되었다(요 1:12). 미래형이 아니라 현재 완료형이다.

> 내 말을 듣고 또 나를 보내신 분을 믿는 사람은, 영원한 생명을 가지고 있고

심판을 받지 않는다. 그는 죽음에서 생명으로 옮겨갔다(요 5:24).

앞으로 영생을 얻게 될 것이라고 하지 않았다. 이미 얻었다고 했다. 이미 우리는 영생의 복을 누리며 살아가고 있다. 죽음에서 생명으로 옮겨질 것이 아니라 이미 죽음에서 생명으로 옮겨졌다. 죽음 후에는 누구나 심판을 피할 수가 없으나, 우리는 심판대 앞에 서지 않게 될 것이다. 왜냐하면 우리는 이미 심판대를 통과해서 영생에 들어갔기 때문이다.

우리는 이미 구원받았다. 구원받기 위해 신앙생활 하는 것이 아니다. 구원받으려고 애쓰지 않아도 된다. 구원받았을까 의심할 필요도 없다. 구원은 이미 받았다. 때문에 구원의 확신이 있어야 한다. 그런 사람만이 구원의 복을 누릴 수 있다. 이미 주어진 것을 의심하지 말고 받아들여라. 그리고 누려라! 우리가 이런 복을 누릴 수 있는 것은 하나님의 자녀가 되었기 때문이다.

사단은 끊임없이 우리가 하나님의 자녀라는 사실을 의심하게 만든다

예수님께서 요단 강에서 세례 받고 올라오셔서 기도하실 때 하늘이 열리고 성령이 비둘기처럼 임했다. 그리고 하늘에서 음성이 들려왔다.

이는 내가 사랑하는 아들이다. 내가 그를 좋아한다(마 3:17).

곧 이어서 성령이 예수님을 광야로 내몰았다. 거기서 40일 동안

3. 천국 패스포트는 천국 시민권자에게만 주어진다(2)

금식기도를 하게 하셨다. 금식기도가 끝났을 때에 마귀가 찾아와서 예수님을 시험했다.

"네가 하나님의 아들이라고 그러는데, 정말 네가 하나님의 아들이라면 그것을 내게 증명해 보여라. 네가 정말 하나님의 아들이라면 여기 있는 이 돌들로 떡을 만드는 것은 식은 죽 먹기일 것이다. 그러니 한번 이 돌들로 떡을 만들어 봐라."

또 마귀는 예수님을 성전 꼭대기로 데리고 가서 시험했다.

"여기서 뛰어내려 봐라. 네가 정말 하나님의 아들이라면 성경에도 말씀한 것처럼 하나님이 천사들을 보내서 네 발이 땅에 부딪히지 않게 할 것이니, 한번 뛰어내려 봐라."

무엇을 가지고 시험했는가?

"네가 하나님의 자녀라고? 하나님이 너의 아버지라고?"

사단은 우리가 하나님의 자녀이고 하나님께서 우리의 아버지라는 사실을 의심하게 만든다. 믿지 못하게 만든다.

하나님께서 사랑하고 기뻐하는 자녀라고 믿고 살아가는 것과 그렇지 못하는 것은 하늘과 땅 차이다. 그래서 어떻게 해서든지 사단은 우리가 하나님의 자녀라는 사실을 믿지 못하게 하고, 의심하게 만들려고 한다.

우리에게 어려운 일이 생기고 시험이 닥쳐오면 '정말 하나님께서 나를 사랑하시는가? 내가 하나님의 자녀인가? 그렇다면 내게 왜 이런 일이 생기는 것일까?' 하는 회의가 들 때가 있다. 사단은 그런 기회를 노린다는 사실을 잊지 말라.

우리가 하나님의 자녀임을 확신할 때 모든 어려움을 이겨나갈 수 있다

하나님께서 "너는 내가 사랑하는 아들이다. 내가 너를 기뻐한다"는 하늘의 음성을 예수님께서 공생애를 시작하실 때 들려주신 이유는 무엇일까? 공생애를 시작할 때 예수님께 가장 필요한 것은 분명한 자의식이었다. 하나님의 사역을 함에 있어서 자신이 하나님의 아들이라는 확신이 가장 필요했을 것이다.

"사랑하는 내 아들아, 이제 너에게 많은 어려운 일들이 닥치게 될 텐데, 어떤 일이 있어도 너는 내가 사랑하고 내가 기뻐하는 아들이라는 사실을 잊지 마라."

똑같은 음성이 변화산상에서 기도하실 때도 들려왔다.

> 이는 내 사랑하는 아들이다. 너희는 그의 말을 들어라(막 9:7).

똑같은 음성을 두 번이나 들려주신 이유는 무엇일까? 변화산 사건은 예수님의 공생애에 있어서 중요한 분기점을 이룬다. 하나님 나라를 전파하고 기적을 행하는 일에 전념하셨던 예수님에게 이제 새로운 사역이 펼쳐지게 된다. 그것은 십자가를 지는 일이었다. 예수님은 십자가를 질 준비를 마무리짓기 위하여 변화산에 올라가셔서 기도하셨다. 모세와 엘리야와 십자가 고난에 대해 이야기를 나누셨고, 내려오면서 제자들에게 비로소 십자가를 질 것을 알려주셨다. 그리고 십자가를 지기 위해 예루살렘으로 떠나셨다.

바로 이런 시점에서 하나님께서 다시 한번 예수님께 "너는 내가 사랑하는 아들이다. 내가 너를 기뻐하노라"고 확인을 시켜주셨던 것이다.

"사랑하는 내 아들아, 너는 이제부터 말할 수 없는 고난을 당하고 십자가에 못 박혀 죽게 될 것이다. 그러나 너는 내가 사랑하는 아들

3. 천국 패스포트는 천국 시민권자에게만 주어진다(2)

이라는 사실을 잊지 마라. 내가 너를 사랑한다. 내가 너를 기뻐한다."

예수님은 십자가 위에서 "나의 하나님, 나의 하나님, 어찌하여 날 버리시나이까?" 하며 울부짖으셨다. 그런 순간을 위해 하나님은 "너는 내 사랑하는 아들이다"라고 확신을 주신 것이다. 예수님께서 고난을 다 감당하시고 십자가에 못 박혀 죽을 수 있었던 것은 바로 이 하나님의 음성 때문이었다.

시련과 시험을 이기려면, 고난을 잘 통과하고 어려운 환경을 잘 극복하려면 우리에게도 동일한 확신이 있어야 한다. "하나님은 나를 사랑하신다. 하나님께서 나를 기뻐하신다. 나는 하나님의 자녀이다." 어떤 환경에 처하더라도, 하나님께서 나를 사랑하시고, 내가 하나님의 자녀라는 확신이 흔들려서는 안 된다.

기도할 때마다 우리는 "너는 내 사랑하는 아들이다"라는 음성을 들을 수 있다

예수님은 인생의 중요한 순간마다 기도하셨다. 공생애를 시작하기 전에 기도하셨고, 십자가를 지기 전에 기도하셨다. 그리고 그때마다 "너는 내 사랑하는 아들이라. 내가 너를 기뻐하노라"는 음성을 들으셨다.

우리가 인생의 중요한 고비를 만날 때마다, 위기에 처할 때마다, 우리에게 필요한 하늘의 음성은 다른 것이 아니다.

"너는 내 사랑하는 자녀다. 내가 너를 기뻐하노라."

바로 이 음성이 우리에게 가장 필요하다. 이 음성은 기도할 때 들려온다.

기도하지 않으면 이런 음성이 들려올 것이다.

"하나님이 너를 사랑한다고? 네가 하나님의 사랑을 받을 만한 자격이 있다고 생각하느냐? 하나님이 너를 사랑한다면 왜 이렇게 너에게 어려운 일이 닥치겠느냐?"

"하나님이 너를 사랑하시고 너를 기뻐하신다면 왜 밤새도록 그물을 내렸어도 빈 그물만 거두어 올렸겠느냐?"

"하나님이 너를 사랑하시고 너를 기뻐하신다면 열심히 노를 저어도 앞으로 나아가지 못하고 왜 계속 제자리를 맴돌고 있느냐?"

"하나님이 너를 사랑하시고 너를 기뻐하신다면 왜 기도하는 것이 아직도 이루어지지 않고 있느냐?"

"하나님이 너를 사랑하시고 너를 기뻐하신다면 왜 제대로 되는 일이 하나도 없느냐?"

사단의 소리이다.

'정말 하나님께서 나를 사랑하실까' 라는 생각이 들 때마다 조용히 하나님 앞에 무릎 꿇고 기도해 보라. "너는 내 사랑하는 아들이다. 너는 내가 사랑하는 딸이다. 내가 너를 사랑하노라"는 음성을 들을 수 있을 것이다.

기도는, "너는 내 사랑하는 아들이다. 너는 내 사랑하는 딸이다. 그러니 흔들리지 말라. 두려워하지 말라. 염려하지 말라"는 하나님의 음성을 듣는 것이다. 어렵고 힘들 때마다 주님 앞에 무릎 꿇고 기도하면 하나님은 조용히 당신의 이름을 부르시며 위로해주실 것이다.

"너는 내가 사랑하는 자녀다. 내가 너를 사랑한다. 네가 어떤 일을 당한다고 하더라도 내가 너를 사랑하니까 조금도 흔들리지 말라. 너에게 어떤 일이 생기더라도 내가 너를 사랑하고 있다는 사실을 잊지 말라."

3. 천국 패스포트는 천국 시민권자에게만 주어진다(2)

하루에 한 번만이라도 이 주님의 음성을 들을 수 있다면, 우리는 하나님의 자녀로서 당당하고 자신 있게 확신을 가지고 살아갈 수 있을 것이다. 그리고 어떤 일이 닥치더라도 조금도 흔들리지 않게 될 것이고, 어떤 일도 우리를 좌절시키거나 실망시키지 못할 것이다.

4_ 천국 패스포트는 천국 시민권자에게만 주어진다(3)

하나님은 우리가 하나님의 자녀이기 때문에 다 용서해주신다 | 하나님의 자녀이기 때문에 무조건적으로 사랑하신다 | 하나님의 자녀이기 때문에 결코 우리를 버리지 않으신다 | 하나님의 자녀이기 때문에 결단코 우리를 포기하거나 잃지 않으신다 | 하나님의 자녀이기 때문에 결코 우리를 잊지 않고 항상 기억하신다 | 하나님의 자녀이기 때문에 우리를 상속자로 삼으신다 | 우리는 하나님의 자녀이기 때문에 아버지 집으로 돌아갈 것이다

하나님께서 세상을 이처럼 사랑하셔서 외아들을 주셨으니, 이는 그를 믿는 사람마다 멸망하지 않고 영생을 얻게 하려는 것이다.

하나님께서 아들을 세상에 보내신 것은, 세상을 심판하시려는 것이 아니라, 아들을 통하여 세상을 구원하시려는 것이다.

아들을 믿는 사람은 심판을 받지 않는다. 그러나 믿지 않는 사람은 이미 심판을 받았다. 그것은 하나님의 독생자의 이름을 믿지 않았기 때문이다.

요한복음 3:16-18

하나님은 우리가 하나님의 자녀이기 때문에 다 용서해주신다

　루터는 수도사로서 흠이 없는 사람이었다. 그러나 하나님 앞에서 죄책감을 도무지 떨쳐버릴 수가 없었다. 남보다 죄가 많아서가 아니었다. 그가 구체적으로 지은 죄는 적었지만, 인간의 본질적인 죄의 문제, 그것을 어떻게 할 수 없었다. 그는 죄의 문제로 평안을 얻지 못했고 늘 마음이 무거웠다. 루터는 조금이라도 의로우신 하나님의 진노를 사그라지게 해보려고 갖은 애를 다 썼다.

　그에게 하나님은 심판하시는 무서운 하나님으로만 보였다. 그는 무서운 아버지에게 잘못하면 매를 맞을까 봐 전전긍긍하며 눈치만 보는 아이와 같았다. 아버지를 사랑하는 것이 아니라 아버지를 무서워했다. 그런 아이는 아버지와 올바른 관계를 가진 것이라고 할 수 없다. 우리가 하나님과 그런 관계를 갖고 있다면, 잘못된 것이다.

　탕자가 돌아왔을 때 아버지는 아들을 먼저 알아보고 뛰어나갔다.

4. 천국 패스포트는 천국 시민권자에게만 주어진다(3)

동네 사람들이 아들에게 돌을 던질 수도 있기 때문이었다(율법은 탕자와 같은 사람을 돌로 쳐죽이도록 규정하고 있다). 그래서 아버지는 신발도 신지 않은 채 동구 밖까지 달려나간 것이다. 세상 모든 사람들이 돌을 던지고 욕을 해도 부모는 자식을 용서한다. 어떤 경우에도 자식 편이다.

탕자는 집으로 돌아와서 자신을 품꾼으로라도 받아달라고 부탁했다. 그러나 아버지는 그를 아들로 받아주었다. 아버지는 자식이 어떤 잘못을 해도 다 용서해준다. 우리도 탕자처럼 하나님 앞에서 고개를 들 수 없는 죄인이었지만, 하나님은 기꺼이 우리를 자녀로 받아주셨다. 우리는 하나님의 사랑하는 자녀이기 때문이다.

어떤 사람이 죄를 지어 재판정에 서게 되었다. 그런데 그를 재판하는 판사가 다름 아닌 그 사람의 아버지였다. 그는 마음이 놓였다. 아버지가 자식인 나에게 중형을 내리지는 못할 것이라고 생각했다. 그러나 아버지는 법에 따라 엄하게 형을 내렸고 엄청난 벌금을 물게 했다.

하지만 재판이 끝나고 나서 벌금을 물어준 사람은 아버지였다. 아버지가 대신 죄 값을 치른 것이다. 이것이 예수님께서 우리를 위해서 십자가에서 행하신 일이다.

우리가 어떤 죄를 범하더라도 탕자처럼 잘못을 깨닫고 하나님께 돌아와 회개하기만 하면 하나님은 모든 것을 다 용서해주신다. 우리는 하나님의 사랑하는 자녀이기 때문이다.

아버지는 탕자가 집으로 돌아오기 훨씬 전부터, 아니 집을 나가는 순간부터 이미 아들을 용서하고 기다리고 있었다. 회개하기도 전에 용서를 했던 것이다. 우리가 회개하기 때문에 용서받는 것이 아니다. 우리가 회개하기 전에 하나님은 이미 우리를 용서하셨다. 우리는 그 용서를 받아들이기만 하면 된다. 우리가 하나님의 사랑하는 아들이요 딸이기 때문이다. 이것이 바로 하나님의 자녀들이 누리는 특권이다.

하나님의 자녀이기 때문에 무조건적으로 사랑하신다

나는 이 세상에서 '해은'이와 '해나'를 가장 사랑한다. 이유는 오직 하나, 내 딸들이기 때문이다. 태중에 있는 생명도 마찬가지다. 아직 이 세상에 태어나지 않았음에도 부모는 그 아이를 이 세상에서 제일 사랑한다. 자식이기 때문이다.

하나님께서 우리를 사랑하는 데 다른 이유가 없다. 하나님의 자녀이기 때문이다. 우리가 하나님의 사랑을 받는 것은 사랑받을 만한 자격이 있기 때문이 아니다. 하나님의 자녀이기 때문이다.

하나님께서 우리를 기뻐하시는 이유는 우리가 하나님을 기쁘게 해드리거나 하나님 마음에 흡족한 삶을 살아서가 아니다. 하나님의 자녀이기 때문이다.

하나님께서 이 세상에서 가장 사랑하는 사람은 바로 당신이다. 당신은 하나님의 자녀이기 때문이다. 당신이 하나님의 자녀라는 이유 하나 때문에 당신을 다른 누구보다 더 사랑하신다. 당신은 하나님의 사랑을 받기 위해 노력할 필요가 없다. 하나님의 사랑을 받으려고 눈치 볼 필요가 없다. 그렇게 하지 않아도 당신을 사랑하신다. 무조건 당신을 사랑하신다. 우리가 신앙생활을 잘 하면 나를 더 사랑하시고 그렇지 못하면 덜 사랑하시는 하나님이 아니다.

한국전쟁 때 일이다. 한 선교사가 죽어가는 아이를 길에서 발견해 데려다 키웠다. 이 아이가 장성하자, 선교사는 그를 데리고 한 무덤으로 갔다. 그리고 그를 아들로 삼게 된 사연을 들려주었다.

추운 겨울 어느 날, 다리 위를 지나가는데 다리 밑에서 아이 울음소리가 났다. 내려가 보니 어머니는 죽었고 아이가 죽은 어머니 품에 안겨서 울고 있었다. 어머니가 자기 옷을 다 벗어서 갓난아이에게 칭칭 둘러싸주고 자신은 얼어서 죽은 것이다. 자식을 살리기 위해 죽은 것이다.

그 이야기를 듣고 그 사람은 통곡을 하면서 어머니 무덤에 자기 옷을 벗어서 덮어주었다. "어머니, 얼마나 추우셨어요?"

이것이 바로 우리를 향한 하나님의 사랑이요, 예수님의 사랑이다. 십자가는 우리에 대한 하나님의 사랑의 확증이라고 성경은 말씀하고 있다.

> 우리가 아직 죄인 되었을 때에 그리스도께서 우리를 위하여 죽으심으로 하나님께서 우리에게 대한 자기의 사랑을 확증하셨느니라(롬 5:8)

예수님께서 십자가에서 두 팔을 활짝 벌리고 못 박혀 돌아가신 이유는 하나님께서 우리를 얼마나 사랑하시는가를 보여주기 위해서였다. 온 세상을 향해 두 팔을 활짝 벌리시고, 내가 너희를 이만큼 사랑한다고 하시면서 돌아가신 것이다.

우리가 알고 있고 우리가 생각하고 있는 하나님의 사랑은 하나님께서 우리를 사랑하신 것의 천분의 일, 만분의 일도 안 될지 모른다. 우리는 십자가를 바라볼 때마다, 하나님의 사랑이 얼마나 크고 높은지, 하나님의 사랑이 얼마나 넓고 깊은지 더욱더 깨달아 알도록 기도해야 한다.

하나님의 자녀이기 때문에 결코 우리를 버리지 않으신다

탕자는 다시 자식으로 받아주기를 기대하지 않았다. 그저 품꾼 중의 하나로만 써줘도 다행이라는 생각으로 돌아왔다.

"네 이놈! 여기가 어딘 줄 알고 들어왔느냐? 애비와 의절하고 나간 놈이 감히 여기를 왜 찾아왔느냐? 나는 너 같은 아들을 둔 적이 없으니까 썩 나가거라."

하지만 그것은 아들의 상상일 뿐, 아버지는 그의 상상처럼 그를 박대하지 않으셨다.

하나님은 어떤 일이 있어도 우리를 버리지 않으신다. 이유는 하나, 우리가 하나님의 자녀이기 때문이다. 집을 나갔어도 아들은 아들이다. 아버지의 뜻을 거역했어도 아들은 아들이다. 허랑방탕하게 살았어도 아들은 아들이다. 재산을 다 탕진했어도 아들은 아들이다. 아버지를 버렸어도 아들은 아들이다. 그렇기 때문에 아버지는 탕자를 아들로 받아들였던 것이다.

우리는 탕자와 같아서 하나님 아버지 앞에 감히 아들이라는 칭함을 받을 수 없는 존재들이다. 그럼에도 하나님은 우리를 당신의 아들과 딸로 받아주신다. 절대로 우리를 버리지 않으신다. 우리가 하나님의 아들이고 딸이기 때문에 누릴 수 있는 특권이다.

아무리 하나님 앞에 큰 잘못을 했어도 아버지 품으로 돌아오기만 하면 하나님은 언제든지 우리를 자녀로 받아주신다. 탕자는 아버지를 버렸지만 아버지는 그를 버리지 않았다. 우리가 이 탕자처럼 하나님을 버린다 할지라도 하나님은 우리를 결코 버리지 않으신다.

당신은 지금 탕자처럼 아버지 집을 떠나 먼 나라로 가서 허랑방탕하게 살고 있는가? 그러다가 인생의 흉년을 만났는가? 지금이라도 늦지 않다. 돌아오기만 하면 된다. 다시 돌아오기만 하면 하나님은 당신을 품꾼이 아니라 아들과 딸로 받아주신다.

자식을 버리는 부모가 어디 있겠는가? 요즘은 혹 그런 부모들이 있기는 하지만 하나님은 우리를 버리시지 않는다.

나의 아버지와 나의 어머니는 나를 버려도, 주님은 나를 돌보아 주십니다 (시 27:10).

나는 너희를 고아처럼 버려 두지 아니하고, 너희에게 다시 오겠다(요 14:18).

어떤 일이 있어도 하나님은 우리를 버리지 않으신다.

때로는 우리가 버림받은 느낌을 받을 수도 있다. 예수님께서도 십자가에서 하나님께 버림받은 느낌을 받지 않았는가? "나의 하나님 나의 하나님 왜 나를 버리셨습니까?" 그러나 하나님은 결코 예수님을 버리신 것이 아니었다.

십자가에서 예수님께서 고통을 당하는 그 순간에 하나님께서는 더 큰 고통을 당하셔야만 했다. 예수님께서는 육적인 고통을 당하셨지만, 아버지로서 아들이 당하는 고통을 바라보면서 하나님께서는 말할 수 없는 심적인 고통을 당하셨던 것이다. 우리는 십자가에 달리신 예수님의 고통과 아픔만 생각하지만, 그렇게 할 수밖에 없었던 하나님의 고통과 아픔도 기억해야 한다.

하나님은 결코 우리를 버리시지 않는다. 왜냐하면 우리는 하나님께서 사랑하는 자녀들이기 때문이다. 버림받은 것처럼 느껴질 때도 있지만, 결코 하나님께서 우리를 버리신 것이 아니다.

하나님의 자녀이기 때문에 결단코 우리를 포기하거나 잃지 않으신다

　여고생들을 납치해서 술집이나 다방으로 팔아넘기는 일들이 종종 있다. 피해 여성들은 이 집에서 저 집으로 옮겨갈 때마다 자기도 모르게 빚이 늘어난다. 사고팔고 하는 과정에서 본인과는 아무 상관 없이 빚을 지게 되는 것이다. 빚을 갚을 때까지 일하라고 하면서 죽어라 일만 시킨다. 그러나 빚은 눈덩이처럼 점점 커져가기만 한다. 그러다가 결국 섬으로 팔려가게 되고, 섬에 한번 팔려 가면 빠져 나올 길이 없어진다.

　딸이 섬으로 팔려간 것을 알게 된 부모는 바로 딸을 찾기 위해 내 딸을 데려가겠다고 하지만 포주가 순순히 내놓을 리 없다. 빚을 다 갚으면 내주겠다고 오히려 큰소리다. 기가 막히고 분통 터지는 일이지만 어쩔 수 없다. 부모는 돈을 주고 딸을 집으로 데리고 온다.

　원래 우리는 하나님의 자녀로 지음을 받았다. 그런데 사단이 우리를 유혹해서 우리로 하여금 죄를 짓게 하고 사단의 종노릇을 하게 했다. 사단이 하나님의 자녀인 우리를 강제로 납치해가서 자기 종으로 삼은 것이다. 하지만 하나님께서 우리를 도로 찾아오기로 결정하셨다. 그리고 지불하지 않아도 될 값을 사단에게 지불하셨다.

> 여러분은 하나님께서 값을 치르고 사들인 사람입니다(고전 6:20).

어떤 값을 치르셨는가?

> 인자는 섬김을 받으러 온 것이 아니라 섬기러 왔으며, 많은 사람을 구원하기 위하여 치를 몸값으로 자기 목숨을 내주러 왔다(막 10:45).

4. 천국 패스포트는 천국 시민권자에게만 주어진다(3)

하나님께서 우리를 다시 되찾기 위해 큰 대가를 지불하셨다. 예수 그리스도의 보혈로 우리를 다시 사신 것이다. 사단에게 팔려가 사단에게 매여 노예가 된 우리를 다시 하나님의 자녀로 회복시키시기 위해 예수님의 보혈을 대가로 지불하신 것이다.

하나님은 어떤 일이 있어도 우리를 포기하지 않으신다. 잘 알려진 찬송, '나 같은 죄인 살리신(Amazing Grace)'에 "잃었던 생명 찾았고"라는 가사가 있다. 하나님은 어떤 일이 있어도 우리를 잃어버리지 않으신다. 우리를 되찾기 위해, 우리를 구원하기 위해, 사단의 손아귀에서 빼내오기 위해 하나님은 자기 아들을 몸값으로 지불하셨다. 하나님은 어떤 일이 있어도 당신의 자녀들을 다시는 사단에게 빼앗기지 않으실 것이다.

100마리 양 가운데 한 마리를 잃어버린 목자는 남은 99마리 양을 산에 그대로 내버려 두고 잃은 양 한 마리를 위해 밤새도록 찾아 헤매었다. 이것이 하나님의 심정이다.

하나님은 결코 당신을 포기하지 않으실 것이다. 하나님은 결코 당신을 잃어버리지 않으실 것이다. 당신은 하나님이 사랑하고 기뻐하는 하나님의 자녀이기 때문이다.

하나님의 자녀이기 때문에 결코 우리를 잊지 않고 항상 기억하신다

미국의 정유 사업가가 대통령 후보로 나온 빌 클린턴과 5분 동안 커피 한 잔을 나누었다. 그리고 30만 달러의 정치 헌금을 내놓았다. 대통령 후보와 함께 나눈 커피 한 잔 값이 자그마치 30만 달러였던 것이다. 이것이 나중에 문제가 되어 청문회가 열렸다. 청문회에서 거액을 기부한 이유에 대해 추궁을 받자 그는 이렇게 대답을 했다.

"나는 단지 나를 기억해주기를 원했을 뿐입니다."

나중에 대통령이 되면 자신을 기억해 달라고 30만 달러를 기부했던 것이다.

창세기 8장 1절에, "하나님이 노아와 그와 함께 있는 모든 들짐승과 육축을 권념하사" 비가 그치게 되었다고 한다. 권념(眷念)은 돌보아 생각하다는 뜻이다. 영어 성경에서는 'remember'라고 쉬운 단어로 옮겼다.

화가 난 하나님께서 주야장창 비를 퍼부으시다가 망망대해에 홀로 떠 있는 노아를 기억하시고는 그를 구원하시기 위해 비를 그치게 하셨다. 하나님께서 노아를 기억하셨을 때, 홍수는 끝이 났던 것이다.

한 병사가 전쟁터로 가면서 기도했다.

"하나님, 포탄이 비오듯 떨어지는 전쟁터에서 혹시 제가 하나님을 잊어버린다고 할지라도, 하나님은 저를 잊지 말고 기억해주십시오."

언제 죽을지 모르는 극한 상황 가운데서 이 젊은이는 자신을 기억해달라는 기도를 했다. 사실 이 기도 외에 다른 어떤 기도가 더 필요하겠는가? "하나님, 저를 기억해주십시오." 이 기도 하나로 충분하지 않겠는가?

참새 한 마리가 팔려가는 것도 기억하시는 하나님이시다(눅 12:6). 그런 하나님께서 어떻게 그 자녀들을 잊으시겠는가? 오클라호마 주의 털사(Tulsa)에 살 때, 막 두 살배기가 된 아이를 한국에 두고 온 사모님이 옆집에 살았다. 사모님은 그 아이가 너무 보고 싶어서 어쩔 줄 몰라했다. 시간만 나면 두고 온 아이가 생각이 나서 울었다고 한다. 그것이 바로 아이를 생각하는 어머니의 마음인 것이다.

4. 천국 패스포트는 천국 시민권자에게만 주어진다(3)

어머니가 어찌 제 젖먹이를 잊겠으며, 제 태에서 낳은 아들을 어찌 긍휼히
여기지 않겠느냐! 비록 어머니가 자식을 잊는다 하여도, 나는 절대로 너를
잊지 않겠다(사 49:15).

어머니가 품에 안은 젖먹이 자식을 잊을 수 없듯이 하나님은 우리를 잊지 않고 기억하신다.

야곱아, 이런 일들을 기억하여 두어라. 이스라엘아, 너는 나의 종이다. 내가
너를 지었다. 너는 나의 종이다. 이스라엘아, 내가 너를 절대로 잊지 않겠다
(사 44:21).

하나님은 내가 너를 지었는데, 네가 내 자식인데, 내가 너를 어떻게 잊을 수 있겠느냐고 말씀하신다. 하나님은 하나님의 자녀 된 우리를 결코 잊지 않으신다. 우리가 하나님을 잊어버리고 살아도 하나님은 우리를 잊지 않으신다.

하나님의 자녀이기 때문에 우리를 상속자로 삼으신다

삼성 이건희 회장의 셋째 딸이 뉴욕에서 자살한 사건이 있었다. 그 딸이 물려받은 유산이 무려 2,700억이었다. 26세밖에 안 되었지만 우리나라 여성 중 세 번째로 부자였다고 한다. 아버지를 잘 두었기 때문이다.
탕자가 돌아왔을 때 형이 불만을 터뜨렸다. "아버지, 저는 아버지를 떠나지 않고 아버지를 모시면서 집에서 죽어라고 일만 했는데, 한

푼도 주지 않으셨습니다. 왜 둘째가 돌아오니까 새옷을 입혀주고 반지도 새로 끼워주고 소를 잡아 잔치를 여시는 겁니까? 나는 뭡니까?"

그러자 아버지가 답했다.

"애야, 너는 내 아들이 아니냐? 내 것이 다 네 것이 아니냐?"

하나님께서 우리의 아버지가 되시고 우리가 하나님의 자녀이기 때문에 하나님의 것이 다 우리 것이다. 실감은 나지 않겠지만 사실이 그렇다.

> 자녀이면 상속자이기도 합니다. 우리가 그리스도와 함께 영광을 받으려고 그와 함께 고난을 받으면, 우리는 하나님이 정하신 상속자요, 그리스도와 더불어 공동 상속자입니다(롬 8:17).

> 여러분 각 사람은 이제 종이 아니라 자녀입니다. 자녀이면, 하나님께서 세워 주신 상속자이기도 합니다(갈 4:7).

> 아브라함이나 그 자손에게 주신 하나님의 약속, 곧 그들이 세상을 물려받을 상속자가 되리라는 것은, 율법으로 말미암은 것이 아니라, 믿음의 의로 말미암은 것입니다(롬 4:13).

믿음으로 아브라함의 자손이 된 우리는 아브라함의 유업을 이어받을 것이다. 아브라함에게 주어진 복이 우리에게도 주어질 것이다.

속만 썩이는 자식이 있다고 하자. 그런데 친구의 아들은 매우 성실하고 유능하다. 그렇다고 해서 그에게 유산을 물려주는 부모가 있을까? 그런 부모는 없다. 아무리 부족하고 속을 썩여도 유산은 내 자식에게 물려준다. 이유는 간단하다. 아무리 못 났어도 자기 자식이기 때문이다. 하나님도 마찬가지다. 우리가 비록 부족하고 모자르더라도 하나님은 우리를 당신의 상속자로 삼으신다. 하나님의 사랑하는 자녀들이기 때문이다.

탕자의 비유에 나오는 둘째 아들은 아버지의 아들이라고 불릴 자격이 없는 사람이다. 돈 때문에 아버지와 관계를 끊기까지 했다. 그런데도 아버지는 그에게 유산을 물려주었다. 사랑하는 아들이기 때문이다. 이것이 우리가 하나님의 자녀가 될 때 누리는 특권이다. 하나님의 복을 받을 만한 자격이 없지만 하나님께서 우리를 자녀로 삼아주셨기 때문에 우리를 축복하시고, 영원한 하나님의 나라를 우리에게 주신다.

우리는 하나님의 상속자이다. 이 땅에서뿐만 아니라 마지막 날 하나님 앞에 설 때에 영원한 생명을 유업으로 이어받을 것이다. 이 땅에서 다른 사람보다 못 사는 것에 개의치 말자. 우리에게는 하나님께서 우리에게 약속하신 영원한 유산이 있지 않은가?

우리는 땅의 것이 아닌 하늘의 것을 유업으로 이어받을 하나님의 상속자이다. 우리는 없어질 것이 아닌 없어지지 아니하는 영원한 것을 유업으로 이어받을 하나님의 상속자이다.

우리는 하나님의 자녀이기 때문에 아버지 집으로 돌아갈 것이다

탕자에게는 돌아갈 집이 있었다. 그렇지 않았다면 집으로 돌아갈 생각을 할 수 없었을 것이다. 비록 먼 나라로 갔지만, 그의 집은 그 먼 나라가 아니라 아버지 집이었다. 그렇기 때문에 집으로 돌아갈 수 있었다.

우리는 지금 이곳에 살고 있지만 이 세상은 우리 집이 아니다. 우리에게는 돌아갈 집이 있다. 우리를 위해 처소를 예비하고 기다리시는 하나님이 계시다. 예수님께서는 우리를 위하여 거할 처소를 예비해 놓겠다고 약속하셨다.

> 내 아버지의 집에는 있을 곳이 많다. 그렇지 않다면, 내가 너희가 있을 곳을 마련하러 간다고 너희에게 말했겠느냐? 나는 너희가 있을 곳을 마련하러 간다. 내가 가서 너희가 있을 곳을 마련하면, 다시 와서 너희를 나에게로 데려다가, 내가 있는 곳에 너희도 함께 있게 하겠다(요 14:2-3).

우리의 인생이 끝나는 날 우리는 아버지 집으로 돌아갈 수 있다. 그러나 인생이 다 끝났는데도 돌아갈 영원한 집이 없는 사람, 하늘나라에 처소가 예비되어 있지 않은 사람은 얼마나 불행한 사람인가? 우리는 이 세상을 떠나는 날 천국에 가게 되어 있다. 그곳이 아버지 집이기 때문이다. 우리가 천국에서 영원히 살 수 있는 것은 그곳이 아버지 집이기 때문이다.

4. 천국 패스포트는 천국 시민권자에게만 주어진다(3)

5_ **천국 패스포트**는
예수님을 영접한 사람에게만 주어진다

겸손해서 구유에 누우신 것이 아니다 | 오늘도 문 두드리시는 예수님 | 예수님은 건넌방 손님이 아니신가? | 분주함과 친밀함 | 예수님을 영접하는 순간, 당신의 손에 천국 패스포트가 쥐어진다

그가 자기 땅에 오셨으나, 그의 백성은 그를 맞아들이지 않았다.
그러나 그를 맞아들인 사람들, 곧 그 이름을 믿는 사람들에게는, 하나님의 자녀가 되는 특권을 주셨다.

요한복음 1:11-12

겸손해서 구유에 누우신 것이 아니다

몇 해 전에 예수님의 수난극으로 유명한 유레카 스프링스(Eureka Springs)를 갔다. 저녁에 출발해서 집으로 돌아오고 있었다. 밤새 운전해서 올 생각으로 출발하였으나 피곤하여 도중에 자고 오려고 여관을 찾기 시작했다. 타운을 지날 때마다 들어가 여관을 찾아보았으나 모두가 다 'No Vacancy' 라고 빨간 불이 들어와 있었다. 가는 데마다 방이 다 찼다. 이렇게 여관을 찾으며 오다 결국은 집에까지 왔다. 여관을 찾지 않고 곧바로 왔으면 6시간 정도면 될 것을, 여관을 찾으며 오다 보니까 거의 9시간이나 걸려서 집에 도착했다.

나사렛에 살던 마리아와 요셉이 고향인 베들레헴으로 호적을 하러 내려갔다. 베들레헴은 주민수가 겨우 200여 명뿐인 아주 작은 동네였다. 집도 30채가 전부였다. 많은 사람들이 호적등록을 하러 고향을 찾아왔기 때문에 집집마다 친척들로 가득 차 있었다. 그래서 방이

5. **천국** **패스포트**는 예수님을 영접한 사람에게만 주어진다

여유가 있는 집이 하나도 없었다.

> 마리아가 첫 아들을 낳아서, 포대기에 싸서 구유에 눕혀 두었다. 여관에는 그들이 들어갈 방이 없었기 때문이다(눅 2:7).

성탄 이야기를 들을 때마다 궁금한 것이 있었다. '깊은 산골 베들레헴에 정말 여관이 있었을까?' 베들레헴으로 난 길은 사람들이 많이 다니는 길이 아니었다. 또 옛날에 여행한다고 하는 것은 아주 드문 일이었다. 100리 밖을 나가본 적이 없는 사람들이 대부분이었다. 당시 여관은 아주 큰 도시에나 가끔 있었다. 더군다나 베들레헴에서 예루살렘까지는 10Km도 채 안 되는 거리였다. 여행객들이 구태여 큰 도시 예루살렘을 두고 베들레헴에서 묵을 리가 만무했다. 베들레헴에 여관이 있었다면 분명 망하고 말았을 것이다. 그래서 마리아와 요셉이 여관을 찾았다는 이야기를 명쾌하게 이해할 수 없었다.

마리아와 요셉의 이야기를 다룬 '위대한 탄생'(The Nativity Story)이라는 영화가 있다. 철저한 고증을 거쳐 제작되었기 때문에 예수님이 태어나실 당시의 사회 모습과 생활상을 현실감 있게 엿볼 수 있다. 영화에서 베들레헴에 도착한 요셉은 여관을 찾아가지 않았다. 집집마다 방이 없느냐고 소리치며 다녔다. 여관은 어떻게 된 것인가?

선한 사마리아인의 비유에 여관이 나온다. 그때 사용된 단어가 판도케이온(pandokeion), 바로 우리가 말하는 여관이다. 그러나 베들레헴에서 찾았던 여관은 카타루마(kataruma)로 다른 단어였다. "*Young Bible*"에서 그랬던 것처럼 여관보다는 '손님방(guest-room)'으로 번역했다면 더 좋았을 것이다.

마리아와 요셉은 베들레헴의 가정집 문들을 두드리며 방이 있느냐고 물었던 것이다. 그러나 멀리서 온 친척들 때문에 모든 집이 손님방까지 다 차 있었다. 결국 마구간에서 예수님을 낳게 되었다.

우리는 예수님의 겸손을 이야기할 때 구유에 누우신 아기 예수의 모습을 떠올린다. 그러나 그분이 겸손하시기 때문에 미천한 자리에 누우신 것이 아니었다. 방이 없었기 때문에 마구간에 자리를 잡은 것이지, 방을 놔두고 일부러 마구간을 택한 것이 아니었다. 방을 내주는 사람이 있었다면 분명히 방에서 태어나셨을 것이다. 구유에 누우신 아기 예수를 보고 우리는 부끄러워해야 한다.

예수님이 마구간에 누우신 일은 하나님에게는 참으로 굴욕스러운 사건이었을 것이다. 결혼식장에서 아버지가 신랑에게 사랑하는 딸의 손을 건네주었는데, 그 신랑이 모멸차게 딸을 버렸다고 해보자. 아버지의 심정이 어떠하겠는가? 그것이 바로 하나님 아버지의 마음이다. 가장 사랑하는 당신의 아들 예수 그리스도를 내어주셨지만 우리가 그분의 손을 잡지 않고 외면했던 것이다. 그분을 버렸던 것이다.

오늘도 문 두드리시는 예수님

하나님의 아들이 이 땅에 오셨지만 그를 위해서 방을 내어주는 사람은 없었다. "이는 사관에 있을 곳이 없음이라"는 누가복음 2장 7절 말씀을 요한복음에서는 달리 표현하고 있다.

그가 자기 땅에 오셨으나, 그의 백성은 그를 맞아들이지 않았다(요 1:11).

5. 천국 패스포트는 예수님을 영접한 사람에게만 주어진다

예수님은 이 땅에 처음 오실 때부터 사람들에게 거절을 당하셨다. 그분을 모셔들일 '방'이 없기 때문이었다. 이 세상의 주인이 오셨는데도, 그를 영접하는 사람이 한 명도 없었다. 이 땅에 손님으로 오신 것이 아니라 주인으로 오셨는데도, 아무도 예수님을 위해서 방을 내어주지 않았다. 그래서 마구간에 누우셨던 것이다.

요셉과 마리아가 첫 성탄절에 이 집 저 집의 문을 두드렸던 것처럼 예수님은 오늘도 자신이 거하실 방을 찾기 위해 우리의 마음 문을 다급하게 두드리고 계신다.

> 보라, 내가 문 밖에 서서, 문을 두드리고 있다. 누구든지 내 음성을 듣고 문을 열면, 나는 그에게로 들어가서 그와 함께 먹고, 그는 나와 함께 먹을 것이다(계 3:20).

왜 사람들은 마음의 문을 열지 않고 예수님을 문 밖에 서서 기다리게 하고 있을까? 2,000년 전 베들레헴 사람들처럼 방이 꽉 차 있기 때문이다. 예수님에게 내어드릴 방이 없는 것이다. 당시 베들레헴 사람들은 미안한 마음으로 요셉과 마리아를 돌려보냈을 것이다. 예수님을 냉대해서가 아니었다. 정말로 방이 없었다. 핑계가 아니었다. 방이 있었으면 내어주었을 것이다.

오늘날에도 동일한 모습을 한 사람들이 너무도 많다. 바쁘고 분주하게 정신없이 하루하루를 살다보니 예수님을 삶에 모셔들일 만한 여유가 없다. 교회 나오는 일보다, 신앙생활 하는 것보다 더 바쁘고 중요한 일들이 발목을 잡고 있다. 나중에 여유가 생기면, 시간이 나면, 교회 나가겠다고 차일피일 미루고 있다. 하지만 '지금' 모시는 것이 중요하다.

한 성도가 복음을 전하기 위해 어느 회사 사장을 찾아갔다. 이런 경우 문전박대 당하기 일쑤였지만 사장은 예의 바른 사람이었다. 그는 지금은 너무 바빠서 교회 나갈 시간이 없으니 6개월 후에 다시 오라고 정중하게 전도하러 온 사람을 돌려보냈다. 6개월이 지난 후 다시 그 사장을 찾아가서 문을 두드렸다. 하지만 다른 사람이 앉아 있었다. 6개월 뒤를 기약했던 그 사장은 얼마 전에 과로로 쓰러져 죽고 말았다는 소식만 들을 수 있을 뿐이었다.

베들레헴 사람들이 예수님에게 방을 내어주지 못한 또 다른 이유가 있다. 그들은 예수님을 알아보지 못했다. 태어날 아기가 그들이 간절히 기다리던 만왕의 왕 메시아라는 사실을 알았어도 방을 내어주지 않았을까? 아니다.

당시 사람들은 "나사렛에서 선한 것이 나오겠느냐?"라며 비웃으며 조롱했다. 예수님을 알아보지 못해서였다.

많은 사람들이 예수님을 떠났다. 예수님을 알아보지 못했기 때문이다.

예수님은 절기 때마다 예루살렘에 올라가셨다. 절기 때는 누구나 다 예루살렘 성 안에 머물기를 원했다. 그곳은 거룩한 하나님의 도성이기 때문이었다. 그러나 예수님은 예루살렘 성 대신 감람산 너머 베다니에 있는 마르다와 마리아의 집에서 묵곤 하셨다.

예루살렘 성 안에서 예수님을 위해 방을 내어주는 사람이 아무도 없었기 때문이다. 예수님이 거룩한 성 예루살렘의 주인이었음에도 그곳은 이미 다른 사람들이 전부 차지하고 있었다. 그래서 베다니라고 하는 산동네로 가실 수밖에 없었다. 사람들이 예수님을 알아보지 못했기 때문이었다.

예수님이 메시아임을 알지 못한 사람들은 결국 예수님을 십자가에 못 박고 말았다. 예수님이 부활하신 다음에야 그분이 어떤 분인지 겨우 깨달을 수 있었다.

오늘날에도 많은 사람들이 예수님이 어떤 분이신지 정확히 알고 있지 않다. 예수님이 만왕의 왕이요, 구세주이시며, 하나님의 아들이라는 사실을 모르고 살고 있다. 예수님에게 방을 내어드리지 않는 이유다.

어떤 사람이 여행을 하다가 여관을 찾는데 없었다. 그러다가 밤늦게 겨우 여관 하나를 발견했다. 그러나 방이 없었다. 너무 피곤하고 더 이상은 운전을 할 수가 없을 것 같아서 사정을 했다. 그래도 방이 없다고 하자, 이렇게 물었다.

"여보시오. 만일 대통령이 와서 방을 요구했다면 방을 주겠소? 안 주겠소?"

"그야 물론 대통령이 방을 달라고 하면 주겠지요."

"내가 단언하건데, 오늘 밤 대통령이 오는 일은 없을 것입니다. 그러니 그 방을 내게 주시오."

예수님이 어떤 분인지 안다면 방을 내주지 않을 사람이 없을 것이다. 그분이 누구인지, 어떤 분인지 모르기 때문에 마음 문을 닫아 놓고 예수님을 모셔들이지 않는 것이다.

베들레헴 사람들은 다른 유대인들이 그랬던 것처럼 메시아를 고대하고 있었을 것이다. 유대인들은 유월절 때 빈 의자를 준비해놓는다. 엘리야를 위한 의자이다. 그리고 문을 열어놓고 엘리야를 기다린다. 메시아가 오기 전에 먼저 엘리야가 온다고 믿고 있기 때문이다. 간절하게 메시아를 기다렸지만 막상 그분이 왔을 때는 알아보지 못했다. 거절했다. 아무도 그분을 맞아들이지 않았다. 방을 내어주지 않았다. 그분에게 관심 갖지 않았다. 얼마나 아이러니한 일인가?

우리도 그들처럼 부지불식간에 예수님을 거절하고 부인할 때가 얼마나 많은가?

어느 노부부가 여행을 하다가 한 호텔을 찾았다. 하지만 그 호텔에는 빈방이 하나도 없었다. 노부부는 발길을 돌릴 수밖에 없었다. 그때 여관에서 일하던 한 여자가 노부부를 붙잡았다. 그녀는 매우 미안해 하면서, 인근에는 여관이 없고 밤도 늦었으니, 괜찮으면 자기 방에서라도 묵고 가라고 했다. 얼마나 고마운 일인가? 그래서 노부부는 그 호텔에서 묵을 수 있었다.

몇 년 후 그 여자는 자신에게 호텔을 넘겨주겠다는 뜻밖의 연락을 받았다. 알고 보니 그 노부부가 바로 호텔의 주인이었던 것이다. 노부부는 은퇴를 하면서 자기 방을 내어줄 정도로 손님에게 친절한 사람이야말로 호텔의 주인이 될 자격이 있다고 생각했던 것이다. 힐튼 호텔(Hilton Hotel) 이야기이다.

가이드 포스트(*Guide Post*)에 이런 이야기가 실렸다. 학교에서 성탄절에 부모들을 초청해서 성탄극을 했다. 날은 저물고 마리아에게 갑자기 산기가 찾아와 마리아와 요셉이 한 여관집 문을 두드렸다. 어떻게 방을 구할 수 없겠느냐고 사정을 했다. 여관집 주인 역을 맡은 아이는 대본대로 "죄송합니다만 방이 없습니다. 다른 데 가보시죠" 하고 문을 닫고 들어갔다.

창문으로 밖을 내다보았다. 그때 그녀의 귀에 마리아와 요셉이 걱정하는 소리가 들렸다.

"날은 어두워 가고 점점 추워지는데 어디에 가서 방을 구한담."

그 이야기를 듣는 순간 어린 소녀는 마음이 아팠다. 순간 뇌리를 스쳐가는 생각이 있었다. "옳지!" 하며 벌떡 일어나 밖으로 뛰어나오더니 돌아서서 가는 요셉과 마리아를 불렀다.

5. 천국 패스포트는 예수님을 영접한 사람에게만 주어진다

"여보세요, 여보세요!"

각본에 없는 일이 벌어졌다.

"아저씨, 여관방은 다 찼지만, 괜찮으시다면 제 방에라도 들어가시죠."

그러자 모든 사람이 숙연해졌다. 잠시 후 우레와 같은 박수 소리가 터져 나왔다. 그날 연극은 엉망이 되었지만, 어린 소녀 덕분에 많은 사람들이 큰 은혜를 받았다.

예수님은 건넌방 손님이 아니신가?

> 보아라, 내가 문 밖에 서서, 문을 두드리고 있다. 누구든지 내 음성을 듣고 문을 열면, 나는 그에게로 들어가서 그와 함께 먹고, 그는 나와 함께 먹을 것이다(계 3:20).

우리는 이 구절을 전도용 성경 구절 정도로 여긴다. 아직도 마음의 문을 열지 않고 예수님을 영접하지 않고 살아가는 세상 사람들을 향해 문을 두드리는 말씀으로 생각해왔다. 이미 예수님을 영접한 나하고는 관계가 없는 말씀으로 생각한다.

그런데 지금 이 말씀은 누구에게 전해진 편지 내용인가? 믿지 않는 사람들이 아니다. 라오디게아 교회에 보내는 메시지이다. 예수님이 두드리고 있는 문은 바로 교회의 문이다.

"너희가 나를 믿는다고 하면서도 아직도 나를 너희 문 밖에 서서 기다리게 하고 있구나."

어떤 흑인 아이가 교회 문 앞에서 서럽게 울었다.

"얘야, 왜 거기 앉아서 울고 있느냐?"

"예배드리려고 이 교회에 들어가려고 하다가 쫓겨났어요."

흑인이라고 백인 교회에서 못 들어오게 했던 것이다. 그러자 그 사람이 눈물을 닦아주면서 말했다.

"울지 마라. 나도 이 교회에 한 번도 들어가 보지 못했다."

"아저씨도요?" 하고 아이가 고개를 들었다. 거기에는 예수님이 서 계셨다.

예수님이 아직도 우리 안에 들어와 계시지 못하고 밖에서 우리의 마음 문을 두드리고 계시지는 않은지, 정말 예수님을 우리 마음속에 모셔들였는지 생각해볼 일이다.

우리나라에는 기러기 아빠들이 많다. 자녀 교육 문제로 엄마와 아이들은 다 외국에 나가 있고 아버지 혼자 남아서 돈을 벌고 있다. 오래 떨어져 살다 보니, 남편과 아내가 오랜만에 만나도 며칠만 지나면 오히려 귀찮게 느껴진다고 한다. 떨어져 사는 일에 익숙해 있기 때문이다. 남편이 남편이 아니라 손님처럼 느껴지는 것이다. 아이들도 마찬가지다.

우리는 어떤가? 예수님을 손님처럼 대하지는 않는가? 아무리 반가운 손님이라도 잠시 머물다 가는 것이 좋다. 너무 오래 머물면 '빨리 안 가나' 하는 눈치만 주게 된다. 예수님을 모셔들이긴 했는데, 예수님이 당신 안에 계신 것이 별로 즐겁지 않은가? 예수님이 거북스럽게 느껴지는가? 신앙생활하는 것이 불편하게 느껴지는가? 그것은 예수님을 손님처럼 대하기 때문이다.

우리는 하루에도 열두 번씩 마음의 주인이 바뀐다. 어떤 때는 예수님이 주인이었다가 이내 내가 주인 자리를 차지하고 있다. 사단이 마음의 주인이 되기도 한다. 예수님을 주인으로 모셨다고 할지라도,

5. 천국 패스포트는 예수님을 영접한 사람에게만 주어진다

수시로 마음의 주인이 바뀐다.

기분이 좋고, 은혜가 넘치면 "예수님, 제 마음의 주인이 되어주십시오" 하다가도 조금이라도 뭔가 안 맞으면 "예수님, 잠깐만 내려오세요. 내가 좀 올라가 앉아야 하겠습니다. 이건 못 참겠습니다" 하며 자기가 주인이 된다.

많은 사람들이 예수님을 주인이 아닌 손님으로 모시고 있다. 예수님이 우리 마음의 주인이 되셔서 안방에 계시는 것이 아니라 건넌방에 손님처럼 와 계신다. 예수님과 적당한 거리를 두고 싶어 한다. 예수님이 너무 가까이 오시면 삶에서 포기해야 할 것들이 너무 많아 보이기 때문이다. 그래서 예수님이 우리의 삶에 깊이 관여하는 것을 원치 않는다. 우리가 주인이 되어 우리 마음대로 살고 싶어한다. 신앙생활을 해도 적당히 하고, 열심을 내도 적당히 내고, 교회를 다녀도 적당히 다니는 이유다.

부모님을 사랑하고 존경하고 최대한 잘 해드리고 싶기는 하지만, 같이 모시고 살려고 하는 사람은 많지 않다. 예수님도 마찬가지다. 예수님을 믿고 존경하고 사랑한다. 그러나 주인으로 모셔 들이고 주인으로 섬기며 살아가는 것은 별로 원치 않는 것이 우리의 모습이다.

예수님으로 하여금 당신의 마음속의 주인이 되게 하고, 당신의 삶의 주인이 되게 하고, 당신의 가정의 주인이 되게 하라. 그러기 위해서는 나를 비워야 한다. 나를 비워야만 나를 내려놓을 수 있다. 나를 내려놓아야만 나를 내어드릴 수 있다. 나를 비울 때 예수님을 모셔들일 수 있다. 나를 내려놓을 때 예수님이 그 자리에 앉으실 수 있다. 나를 내어드릴 때 예수님이 나의 주인이 되실 수 있다.

분주함과 친밀함

로버트 멍어의 저서 〈내 마음 그리스도의 집〉에 이런 이야기가 나온다. 어느 날 예수님을 집에 모셨다.

"예수님, 우리 집에 오시니까 너무 좋습니다. 매일 오시면 좋겠습니다."

"그래? 내가 아침마다 들르지. 아침마다 우리 함께 좋은 시간을 보내자꾸나."

매일 아침 예수님과 함께 시간을 보냈다. 성경 말씀도 배우고 기도하면서 대화를 나누고 찬송도 드리고 예배도 드렸다. 너무 좋았다. 집안 분위기가 확 바뀌었다.

하지만 점점 예수님과 함께하는 시간이 줄어들었다. 바쁘고 분주하다 보니 어쩔 수가 없었다. 어떤 날은 갑자기 일이 생겨서 인사만 하고 나가기도 했다.

"예수님, 죄송합니다. 제가 오늘 바빠서……."

그러면서 한 번, 두 번 예수님과 같이 보내기로 한 아침 시간을 건너뛰는 일도 생겼다. 나중에는 예수님이 아침마다 와서 기다린다는 사실조차 아예 잊어버리게 되었다. 그러던 어느 날, 부랴부랴 출근을 하다가 거실에 혼자 앉아 계시는 예수님을 보고는 깜짝 놀랐다.

"아니, 예수님, 오랜만에 오셨습니다."

"오랜만이라니 무슨 소리냐? 매일 아침 이곳에 와서 너와 함께 시간을 보내기로 약속하지 않았니? 나는 매일 왔단다."

"아, 그러셨어요? 죄송합니다. 제가 너무 바빠서 예수님이 와 계신 것도 몰랐습니다."

이것이 바로 우리의 모습이 아닌가? 예수님 앞에 앉아서 말씀을

5. 천국 패스포트는 예수님을 영접한 사람에게만 주어진다

들을 여유가 없다. 예수님의 발 아래 엎드려 기도할 시간이 없다. 예수님과 대화할 틈이 생기지 않는다. 예수님과 교제하는 것은 언제나 일이 끝난 다음이다. 나의 삶 속에 분주함만 있지 예수님과의 친밀함이 없다.

예수님은 왜 우리 안에 들어오기를 원하시는가?

> "보아라. 내가 문 밖에 서서, 문을 두드리고 있다. 누구든지 내 음성을 듣고 문을 열면, 나는 그에게로 들어가서 그와 함께 먹고, 그는 나와 함께 먹을 것이다"(계 3:20).

'나는 예수님과 함께, 예수님은 나와 함께!' 신앙은 어떤 대상을 믿거나 어떤 신조에 동의하는 것이 아니다. 신앙은 관계다. 관계를 맺는 것이다.

> 나는 포도나무요, 너희는 가지다. 사람이 내 안에 머물러 있고, 내가 그 안에 머물러 있으면, 그는 많은 열매를 맺는다. 너희는 나를 떠나서는 아무것도 할 수 없다(요 15:5).

> 너희가 내 안에 머물러 있고, 내 말이 너희 안에 머물러 있으면, 너희가 무엇을 구하든지 다 그대로 이루어질 것이다(요 15:7).

예수님은 우리와 친밀한 관계를 맺기 원하신다. 그런데 우리는 모셔놓기는 했지만, 그 다음 단계인 '나는 그로 더불어 먹고 그는 나로 더불어 먹는' 친밀한 관계를 맺지 못하고 있다. 마르다처럼 분주해서, 많은 일에 마음을 빼앗겨서 예수님이 한 쪽 구석에 밀려나 있지는 않는가?

포도나무 가지는 포도나무에 붙어 있기만 하면 열매를 저절로 맺는다. 우리도 예수님 안에 거하면 저절로 많은 열매를 맺게 된다. 그런데 관계는 외면한 채 열매만 맺으려고 기를 쓴다. 하나님의 일을 하는 것도 중요하지만, 하나님과 함께 시간을 더 많이 보내야 한다. 하나님과 친밀한 관계를 맺어야 한다. 예수님도 매일 먼저 하나님과 함께 시간을 보낸 다음 일을 하시지 않았는가? 그것이 열매 맺는 비결이다.

먼저 하나님과 친밀한 교제를 나누어야 한다. 마리아처럼 먼저 예수님 발치 아래 앉아야 한다. 그러지 못하기 때문에 우리 영혼이 메말라가고 불평과 불만이 나오는 것이다. 예수님과 친밀한 교제를 가질 때 우리는 자연적으로 풍성한 열매를 맺게 된다.

예수님을 영접하는 순간, 당신의 손에 천국 열쇠가 쥐어진다

아파트에 혼자 사는 가난한 노인이 있었다. 아파트 임대료를 내지 못할 정도로 어려웠다. 교회 목사님이 할머니의 딱한 소식을 듣고 임대료를 대신 내드리려고 그 집에 찾아갔다. 그런데 아무리 현관문을 두드려도 문을 열어주시지 않았다. 옆에 있는 창문을 두드렸지만 마찬가지였다. 그래서 할 수 없이 되돌아왔다.

그 할머니는 집에 있었다. 그런데도 문을 열어주지 않았다. 아파트 관리소에서 돈 내라고 독촉을 나온 줄로 생각했던 것이다.

예수님은 우리에게 기쁨을 주시기 위해 우리의 마음 문을 두드리고 계신다. 세상에서 얻을 수 없는 기쁨을 주시려고, 영혼의 기쁨을

5. **천국 패스포트**는 예수님을 영접한 사람에게만 주어진다

주시려고, 하늘의 기쁨을 주시려고 우리 마음속에 들어오시기를 원하신다.

또한 우리가 세상에서 누릴 수 없는 평안을 주시기 위해 우리의 마음의 문을 두드리고 계신다. 예수님이 이 땅에 태어나셨을 때, "천사들은 하늘에는 영광이요 땅에는 평화로다"라고 노래했다. 세상에 평화를 주시기 위해 예수님이 평화의 왕으로 이 땅에 오셨다. 그리고 "내가 너희에게 주는 평안은 세상이 주는 평안과 다르다"(요 14:27)고 하셨다. 어거스틴이 고백한 대로 우리가 주님 품에 안기기 전까지는 평안이 없다. 주님을 모셔들여라. 그럴 때 걱정과 근심과 염려 대신에 주님 주시는 평안으로 충만하게 될 것이다.

런던의 성바울 교회 안에 있는, 《세상의 빛》이라는 홀만 헌트가 그린 유명한 성화를 볼 기회가 있었다. 이 그림의 전체 배경은 캄캄한 밤이다. 음산하고 곧 쓰러질 것 같은 아주 낡은 집 앞에 예수님이 서 계신다. 집 앞의 정원은 폐허가 되다시피 했다. 잡초들이 무성하게 나 있고, 떨어진 과일들이 뒹굴고 있다. 문 앞에는 박쥐들이 날아다니고 있다.

얼마나 오래 두드리셨는지, 예수님의 오른손은 힘이 하나도 없어 보인다. 왼손에는 환한 등불을 들고 계신다. 문을 열기만 하면 어둠으로 가득 찬 집은 환해질 것이다. 어둠이 물러가고 빛으로 가득 찰 것이다.

어둠을 쫓아낼 수 있는 방법은 하나밖에 없다. 빛을 비추면 어둠은 순식간에 사라지고 만다. 예수님은 세상의 빛이시다. 마음의 문을 열고 주님을 모셔들일 때, 어둠은 사라지고 빛으로 충만하게 된다. 우리는 빛의 자녀가 된다.

예수님을 영접하면 우리 마음에 천국이 이루어지고 평안과 기쁨이 넘치게 된다. 주님이 우리 마음속에 들어오시면 두려움과 절망이 사라지고, 희망으로 가득 찬다. 탄식 대신 찬양이 나온다. 원망과 불평의 자리가 감사로 채워진다. 영적인 공허감이 사라지고, 참 만족을 누리게 된다.

무엇보다도 예수님을 영접하는 순간, 당신은 천국 시민권자가 되고, 당신의 손에는 천국 열쇠가 주어질 것이다.

> 영접하는 자 곧 그 이름을 믿는 자들에게는 하나님의 자녀가 되는 권세를 주셨으니(요 1:12).

5. 천국 패스포트는 예수님을 영접한 사람에게만 주어진다

6_ 천국 패스포트는 예수님의 보혈로 죄 씻음을 받은 사람에게만 주어진다(1)

유월절 어린 양의 피가 발라져 있는가? | 구약 시대의 성전은 도살장이나 다름없었다 | 예수님이 피를 흘리셔야만 했던 이유들 | 천국에는 감리교인이 한 사람도 없다 | 마귀가 모르는 한 가지 사실 | 사면 받을 뻔한 사형수 | 무용지물이 되어버린 사면장

우리가 그리스도에게서 들어서 여러분에게 전하는 소식은 이것이니, 곧 하나님은 빛이시요, 하나님 안에는 어둠이 전혀 없다는 것입니다.
우리가 하나님과 사귀고 있다고 말하면서, 그대로 어둠 속에서 살아가면, 우리는 거짓말을 하는 것이요, 진리를 행하지 않는 것입니다.
그러나 하나님께서 빛 가운데 계신 것과 같이, 우리가 빛 가운데 살아가면, 우리는 서로 사귐을 가지게 되고, 하나님의 아들 예수의 피가 우리를 모든 죄에서 깨끗하게 해주십니다.
우리가 죄가 없다고 말하면, 우리는 자기를 속이는 것이요, 진리가 우리 속에 없는 것입니다.
우리가 우리 죄를 자백하면, 하나님은 신실하시고 의로우신 분이셔서, 우리 죄를 용서하시고, 모든 불의에서 우리를 깨끗하게 해주실 것입니다.
우리가 죄를 지은 일이 없다고 말하면, 우리는 하나님을 거짓말쟁이로 만드는 것이며, 하나님의 말씀이 우리 속에 있지 아니합니다.

요한1서 1:5-10

늦은 밤 뉴욕에서 달라스로 오면서 비행기에서 내려다 본 야경이 그렇게 화려하고 찬란할 수 없었다. 마치 하나님이 땅에다 온갖 금은 보화를 촘촘히 박아놓으신 것 같았다.
　천국에 가면 황금 길을 거닌다고 하지 않는가? 그 길이 진짜 황금 길이냐고 묻는 사람도 있다. 아프리카에 사는 사람들은 눈에 대해서 아무리 설명을 해도 알아듣지 못한다. 눈을 본 적이 없기 때문이다. 반대로 알래스카 원주민들에게 시편 23편을 분위기를 살려서 들려 줘도 그들은 전혀 감동을 받지 않을 것이다. 양을 본 적이 없기 때문이다.
　천국도 그렇다. 분명히 이 세상과는 전혀 다른 곳이다. 그러니 천국을 인간의 언어로 표현한다는 것은 불가능한 일이다. 천국에 가면 이 세상에서 한 번도 보지 못한 신비로운 색깔을 보게 될 것이고, 이

6. 천국 패스포트는 예수님의 보혈로 죄 씻음을 받은 사람에게만 주어진다(1)

세상에서 걸어보지 못한 아름다운 길을 거닐게 될 것이다. 이제껏 상상해보지 못한 멋진 집에서 살게 될 것이고, 처음 접하는 아름다운 노래를 듣게 될 것이다. 형용할 수 없는 향기와 신선한 공기를 맛보게 될 것이다.

그곳은 활기가 넘치고 기쁨과 평안이 가득하고 행복이 충만한 곳이다. 천국은 한마디로 "이보다 더 좋을 수는 없다"고 말할 수밖에 없는 그런 곳이다!

천국에 관한 유머에 꼭 등장하는 사람이 있다. 천국 문 앞을 지키고 있는 베드로다. 하지만 유대인들의 천국 이야기에는 베드로 대신 아브라함이 등장한다. 예수님의 천국 이야기에도 아브라함이 나온다. 지옥 간 부자가 물 한 모금만 입술에 축여 달라고 부탁한 사람이 바로 아브라함이었다.

랍비들은 아브라함이 천국 문이 아니라 지옥 문을 지키고 있다고 가르친다. 유대인들은 하나님의 백성이라는 표시로 할례를 받는다. 아브라함은 지옥 문 앞에서 할례를 받았나 안 받았나를 검사한다고 한다. 실수로 유대인이 지옥에 들어가는 사람이 없도록 지옥 문 앞에 서 있는 것이다.

유월절 어린 양의 피가 발라져 있는가?

그렇다면 우리에게는 무엇이 하나님의 백성이라는 표시일까?
이스라엘 민족이 출애굽할 때 하나님께서 이집트 백성에게 10가지 재앙을 내리셨다. 마지막 10번째 재앙은 장자를 죽이는 것이었다. 모든 집이 장례를 치러야 했다. 장자가 죽지 않은 집이 한 집도 없었기 때문이다. 애곡하는 소리가 온 나라에 가득했다.

하지만 이집트에 살고 있던 이스라엘 사람들은 단 한 사람도 죽지 않았다. 그날 밤, 죽음의 사자가 온 이집트를 휩쓸고 지나갔지만, 양의 피를 발라놓은 이스라엘 사람들의 집은 들어가지 않고 '건너뛰었다.' 이 날을 기념하는 절기가 바로 유월절이다.

유월절을 영어로는 'Passover' 라고 부른다. 'pass over' 는 뛰어넘다, 건너뛰다는 뜻이다. 유월절에서 유월(逾越)이라는 말은 뛰어넘다, 건너뛰다는 뜻이다. 죽음의 사자는 양의 피를 발라놓은 집은 그냥 지나쳤다. 양의 피를 발라놓은 집마다 다 구원을 받았다.

예수님은 우리를 위해 속죄양으로 피를 흘리셨다. 천국은 어린양의 피로 죄 씻음을 받은 자들만이 들어갈 수 있는 곳이다.

> 그들은 큰 소리로, 구원은 보좌에 앉아 계신 우리 하나님과 어린 양의 것입니다 하고 외쳤습니다. 모든 천사들은 보좌와 장로들과 네 생물을 둘러 서 있다가, 보좌 앞에 엎드려 하나님께 경배하면서, 아멘, 찬송과 영광과 지혜와 감사와 존귀와 권능과 힘이 우리 하나님께 영원무궁 하도록 있습니다. 아멘! 하고 말하였습니다. 그 때에 장로들 가운데 하나가 흰 두루마기를 입은 이 사람들은 누구이며, 또 어디에서 왔습니까? 하고 나에게 물었습니다. 내가 장로님, 장로님께서 잘 알고 계십니다 하고 대답하였더니, 그는 나에게 이렇게 말하였습니다. 이 사람들은 큰 환난을 겪어 낸 사람들입니다. 그들은 어린 양이 흘리신 피에 자기들의 두루마기를 빨아서 희게 하였습니다 (계 7:10-14).

천국은 누가 들어갈 수 있는가? 예수님의 보혈로 모든 죄를 깨끗이 씻음 받은 자만이 들어갈 수 있다!

6. **천국 패스포트**는 예수님의 보혈로 죄 씻음을 받은 사람에게만 주어진다(1)

하나님께서 빛 가운데 계신 것과 같이, 우리가 빛 가운데 살아가면, 우리는 서로 사귐을 가지게 되고, 하나님의 아들 예수의 피가 우리를 모든 죄에서 깨끗하게 해주십니다(요일 1:7).

우리의 심령에 주님의 보혈이 뿌려져 있을 때 사단, 마귀, 귀신이 들어오려고 하다가 기겁을 하고 도망갈 것이다. 주님의 보혈이 우리 가정을 덮고 있을 때 사단, 마귀, 귀신이 감히 우리 가정을 넘보지 못할 것이다. 주님의 보혈이 뿌려져 있는 곳, 주님의 보혈이 흐르고 있는 곳은 사단 출입 금지 구역이다.

예수님의 피가 우리를 모든 죄에서 깨끗게 하셨다(요일 1:7). 그의 피로 뿌리움을 받아서 우리가 정결함을 얻었다(벧전 1:2).

우리는 마음에다 예수의 피를 뿌려서 죄책감에서 벗어나고, 맑은 물로 몸을 깨끗이 씻었습니다(히 10:22).

예수님의 피가 우리의 심령에 뿌려졌다. 그래서 모든 죄가 다 깨끗이 씻음을 받았다. 천국 시민권은 이렇게 주님의 보혈로 깨끗이 씻음을 받은 자에게만 주어진다.

구약 시대의 성전은 도살장이나 다름없었다

타임 머신을 타고 2,000년 전으로 돌아가 보자. 나사렛 바로 옆 동네에 매우 신실한 사람이 살고 있었다. 남 모르는 죄를 지은 그는 고민을 거듭하다가 보따리를 챙겨서 예루살렘을 향하여 길을 떠났다. 꼬박 사흘이 걸렸다. 감람산에 올라서니 성전이 한눈에 들어왔다. 순간 가슴이 뛰기 시작했다. 얼마나 그리워하고 사모하던 성전인가!

그는 양 한 마리를 샀다. 집에서 양을 끌고 올까 생각도 했었지만 워낙 먼 길이고, 오는 도중 병이라도 생기면 제물로 바칠 수 없기 때문에 돈을 주고 사기로 했던 것이다. 생각보다 훨씬 비쌌다. 왜 그렇게 비싸냐고 물으니, 흠이 없는 양이라서 그렇다는 것이었다. 할 수 없이 그 양을 사야 했다. 흠이 없는 양이라야 제물로 바칠 수 있기 때문이었다.

양을 끌고 성전 마당에 들어섰다. 군데군데 사람들이 모여 있었고, 랍비들이 하나님의 말씀을 가르치고 있었다. 기도하는 사람들도 제법 눈에 띄었다. 성전 안으로 들어가려고 하자, 문 앞에 있던 제사장이 "제물을 드리려고 왔습니까?" 하고 물었다.

"예, 그렇습니다. 여기 이렇게 제물을 가지고 왔습니다."

"흠이 없는 것인지 살펴보아야 하겠습니다."

여기저기 자세히 살펴본 제사장은 좋다고 하면서 성전에 들어가게 했다. 두렵고 떨리는 마음으로 성전에 들어가 제사장에게로 다가갔다. 제사장이 말했다.

"제물 위에 손을 얹고 속으로 당신의 죄를 고백하십시오. 그러면 당신의 죄가 이 제물에게로 옮겨갈 것입니다."

그는 양의 머리 위에 손을 얹고는 간절하게 죄를 고백하며 기도를 드렸다. 기도를 마치자 제사장이 그에게 날카로운 칼을 건네주었다. 그는 그 칼을 받아들고 단칼에 양의 목을 땄다. 그러자 피가 쏟아져 나왔다. 마음이 아팠다.

'미안하구나. 나 때문에 아무 죄도 없는 네가 죽는구나.'

제사장이 그 피를 대야에 받아서 제단 앞에 가지고 가서 뿌렸다.

6. **천국 패스포트**는 예수님의 보혈로 죄 씻음을 받은 사람에게만 주어진다(1)

내장은 다 꺼내서 장작불이 활활 타오르고 있는 번제단에 올려놓았다. 연기가 하늘로 높이높이 올라가는 것을 보고는 마음이 놓였다.

'아, 하나님께서 내가 드린 제물을 받으셨구나.'

제사장이 말했다.

"당신을 대신해서 이 제물이 피를 흘렸습니다. 당신의 죄 때문에 이 양이 죽었습니다. 그럼으로 당신의 죄가 깨끗이 사해졌습니다. 이제 평안한 마음으로 돌아가십시오. 그리고 다시는 죄를 짓지 마십시오."

그는 "감사합니다"를 연이어 말하며 성전을 나왔다. 그가 바친 양은 계속 번제단에서 타고 있었고 냄새는 성전 밖까지 번져나갔다. 그리고 연기는 계속해서 하늘로 높이높이 올라갔다. 그는 하나님 앞에 죄를 용서받았다는 확신에 아주 가벼운 마음으로 고향으로 내려갈 수가 있었다.

이것이 바로 2,000년 전에 성전에서 죄사함 받기 위해 드렸던 제사다.

구약시대에는 죄를 지을 때마다 성전에 올라가 소나 양이나 염소를 제물로 바쳐야 했다. 쉬운 일이 아니었다. 오늘날도 제물을 바쳐야 죄사함 받을 수 있다면, 우리는 성전에 올 때마다 양이나 염소 한 마리씩 끌고 와야 할 것이다. 교회에서 예배를 드리는 것이 아니라 소나 양이나 염소를 잡아야 한다. 교회에서는 찬송 소리가 아니라 여기저기서 짐승 잡는 소리로 가득 찰 것이다. 교회 안에는 제물의 피가 여기저기 발라져 있을 것이다. 교회는 피비린내와 고기 타는 냄새로 가득 찰 것이다. 교회 올 때마다 도살장에 오는 느낌일 것이다.

예수님이 피를 흘리셔야만 했던 이유들

루터가 말했듯이 빨래를 짜듯 성경을 짜면 피가 나온다. 구약을 짜면 짐승의 피가 나오고, 신약을 짜면 예수님의 피가 나온다. 구약의 짐승의 피와 신약의 예수의 피의 차이는 무엇인가? 짐승의 피는 덮어주는 피다. 죄는 그대로 있다. 그냥 덮어두는 것뿐이다. 그러나 예수님의 피는 깨끗이 씻겨주는 피다. 그 피로 씻으면 죄가 없어진다.

제물로 죄사함 받을 때는 해마다 짐승의 피를 흘려야 했다. 그러나 예수님은 완전하고 영원한 제물로 하나님 앞에 스스로를 바치셨다. 구약의 제사법은 임시방편이다. 죄를 지을 때마다 제사를 드려야 했다. 그러나 예수님은 단번에 완전한 제물로 드려져서 다시 되풀이 할 필요가 없다.

(1) 예수님께서 우리의 죄의 문제를 해결하기 위해 죽으셨는데 다른 방법은 없었는가? 죽는 방법밖에 없었는가?

피를 흘림이 없이는, 죄를 사함이 이루어지지 않습니다(히 9:22).

이것이 하나님께서 정하신 속죄의 원리이다. 죄를 사함받기 위해서는 제물이 죽지 않으면 안 되었다. 예수님께서 십자가에서 피 흘려 돌아가신 것도 제물이 죽지 않고는 죄사함을 받을 수 없기 때문이었다.

예수님은 새로운 방법으로 우리를 구원하신 것이 아니었다. 레위기의 제사법대로 우리를 구원하셨다. 예수 그리스도의 보혈을 통해

6. 천국 패스포트는 예수님의 보혈로 죄 씻음을 받은 사람에게만 주어진다(1)

우리가 구원받게 된 것은 구약의 제사법에 따른 것이었다.

(2) 예수님께서 우리를 위해 대신 죽으셨다. 대신 죽는다고 해서 죄의 문제가 해결될 수 있는가?

구약 시대에는 죄를 지을 때마다 양이나 염소 같은 제물을 바쳐야 했다. 제물로 바치는 짐승 위에 손을 얹고 죄를 고백한다. 그러면 내 죄가 그 짐승에게로 옮겨간다. 내 죄를 대신 뒤집어쓰는 것이다. 그리고 나를 대신해서 죽는다. 이렇게 해서 죄 사함을 받았다. 이것이 레위기의 제사법이다. 예수님께서 우리 죄를 대신 지시고 희생제물로서 돌아가신 것도 이러한 제사법에 따른 것이었다.

> 그는 실로 우리가 받아야 할 고통을 대신 받고, 우리가 겪어야 할 슬픔을 대신 겪었다. 그러나 우리는, 그가 징벌을 받아서 하나님에게 맞으며, 고난을 받는다고 생각하였다. 그러나 그가 찔린 것은 우리의 허물 때문이고, 그가 상처를 받은 것은 우리의 악함 때문이다. 그가 징계를 받음으로써 우리가 평화를 누리고, 그가 매를 맞음으로써 우리의 병이 나았다(사 53:4-5).

(3) 예수님께서 우리를 대신해서 죽어야 하는 어떤 이유라도 있는가?

제물이 되려면 무엇보다 먼저 흠이 없어야 했다. 성전 문에는 제물에 흠이 있는지를 검사하는 제사장이 있었다. 그에게 합격을 받아야 제물을 가지고 성전에 들어갈 수가 있었다. 흠이 없는 제물이라야 죄인의 죄를 뒤집어쓰고, 온전히 그의 죄를 위해 죽을 수 있기 때문이었다. 그래서 흠도 없고 티도 없고 아무런 죄도 없는 가장 의로우신 예수 그리스도가 가장 완전한 제물로 바쳐진 것이다.

정결법에 따르면 부정한 것을 만지거나 먹으면 부정을 탄다. 시체는 부정하게 여겨졌다. 그래서 시체를 만지거나 시체가 있는 건물에 함께 있으면 그 사람도 부정해진다. 유대인은 돼지고기를 먹지 않는데, 돼지는 부정한 짐승이기 때문에 그것을 먹으면 부정하게 된다고 믿기 때문이다.

혈루증 걸린 여인이 예수님의 옷자락을 만져서 나은 이야기가 복음서에 나온다. 율법에 따르면 그 여인은 부정한 여인이다. 따라서 그 여인이 만나는 사람이나 앉는 자리, 사는 집 모두 다 부정하다. 그래서 그는 사람들을 만날 수 없었다. 그러나 자기 모습을 숨기고 군중 사이를 헤치고 들어가 예수님을 만졌다. 율법으로 보면 예수님은 부정하게 된 것이다. 부정한 사람과 접촉했기 때문이다.

실제로 예수님께서 부정하게 되었는가? 아니다. 그 여인이 예수님을 만지는 순간 오히려 부정했던 이 여인이 깨끗하게 되었다. 예수님을 만지자 예수님의 치유의 능력이 그 여인에게 흘러 들어갔고, 부정했던 여인이 정결하게 되었다.

부정한 사람이 정결한 사람을 터치하면 둘 다 부정하게 된다. 부정한 사람의 부정이 옮겨가는 것이다. '부정 + 거룩 = 둘 다 부정'. 이것이 율법의 원리이다.

그러나 부정한 사람(죄인)이 예수님을 만나면 예수님의 거룩이 부정한 사람에게 옮겨가 부정했던 사람이 거룩하게 된다. '부정한 인간 + 거룩한 예수님 = 둘 다 거룩.' 이것이 복음의 원리이다. 부정한 사람이 예수님을 만나면 정하게 된다. 죄 사함을 받고 거룩하게 된다.

유대인들은 부정한 것을 정결하게 하는 여러 방법을 규정하고 있

6. 천국 패스포트는 예수님의 보혈로 죄 씻음을 받은 사람에게만 주어진다(1)

다. 예를 들어서 부정한 것을 담은 그릇을 씻을 때는 수돗물로 씻어서는 안 된다. 반드시 펄펄 끓는 뜨거운 물로 씻어야 한다. 오븐이 부정하게 되었을 때는 뜨거운 물로 씻는 것으로는 안 된다. 토치(torch)나 전기 용접기 같은 것으로 오븐을 달궈야 한다.

'물 가지고 날 씻든지 불 가지고 태우든지 내 안과 밖 다 닦으사 내 모든 죄 멸하소서' 찬송처럼 유대인들은 부정 탄 것을 깨끗하게 하기 위해 물로 씻든지 불로 사르든지 한다. 그러나 더러워진 우리의 마음은 물로 씻을 수도 없고 불로 사를 수도 없다. 예수님의 피만이 죄로 더러워진 우리의 심령을 깨끗하게 씻기고, 예수님의 피만이 우리를 정결하게 할 수 있다.

서양의 신문명이 한국에 들어왔을 때의 일이다. 어느 대감이 서양 선교사한테서 비누를 선물 받았다. 비누를 써보니 때가 잘 씻기는 것이 여간 신기하지 않았다. 이에 대감은 문객들을 불러모아 놓고 비누를 자랑하며 하나씩 나누어주었다. 그런데 그 자리에 있던 월남 이상재 선생이 주머니에서 작은 칼을 꺼내더니 비누를 깎아 먹는 것이 아닌가? 놀란 대감은 이상재 선생을 말렸다.

"여보게, 이것은 먹는 것이 아니라 때를 씻는 물건일세."

이에 이상재 선생은 말했다.

"예, 잘 압니다. 여러분은 이것으로 얼굴의 때를 씻지만 저는 뱃속의 때를 씻어 볼까 해서 먹었습니다."

우리가 비누로 때를 씻어내듯이, 죄로 더러워진 우리의 심령을 씻을 수 있다면 얼마나 좋겠는가? 그러나 우리의 속사람, 내면, 마음, 심령을 깨끗하게 할 수 있는 것은 아무것도 없다. 예수의 피밖에는 없다.

어떤 목사님 간증이다. 미가엘 천사장이 나타나서 목사님을 하나님의 존전에 데리고 가겠다고 말했다. 그리고 하나님 앞에 나아가려면 깨끗해야 하니까 먼저 몸을 씻으라고 했다.

샤워장에 들어가서 물을 튼 목사님은 기겁을 하며 밖으로 뛰쳐나왔다. 피가 쏟아져 나왔던 것이다. 이를 지켜보던 미가엘이 말했다.

"세상 사람들은 깨끗하다는 의미를 모른다. 세상에서 아무리 깨끗한 것이라 할지라도 하나님 앞에서는 깨끗한 것이라 할 수 없다. 천국에서 깨끗하다고 하는 것은 예수님의 보혈의 피로 목욕했을 때를 말한다."

그러면서 예수님의 보혈의 피로 깨끗하게 된 사람만이 하나님의 존전에 나아갈 수 있다고 설명을 해주었다. 목사님은 무섭긴 했지만 다시 샤워실에 들어가서 예수님의 피로 온몸을 적시며 샤워를 했다. 그 피로 샤워를 마치자, 뭐라 형용할 수 없을 정도로 깨끗한 몸이 되어 있었다.

몸에서 빛이 나는 것 같았다. 그때 저만치에서 환한 빛이 점점 가까이 다가왔다. 자세히 보니까 천사들이 손에 빛을 들고 있었다. 그리고 그 빛을 목사님에게 내밀었다. 빛의 옷이었다.

"이 옷을 입어야 하나님의 존전에 나아갈 수 있습니다."

목사님은 옷을 받아 입었다. 그리고 하나님 계신 곳으로 이끌려 갔다. 그곳은 하나님께서 계신 지성소였다. 하나님께서 빛 가운데 계셨다. 그 목사님은 한없는 영광 가운데 넋을 잃고 있다가 환상에서 깨어났다고 한다.

우리는 예수의 피를 힘입어서 담대하게 지성소에 들어가게 되었습니다(히 10:19).

예수님의 피로 거룩함을 입게 되어, 우리가 이제는 대제사장처럼 하나님의 지성소에 들어갈 수 있게 되었다. 예수님의 피로 말미암아 우리가 담대하게 하나님 앞에 나아갈 수 있게 된 것이다. 천국에서 하나님 존전에 설 수 있게 된 것이다.

> 이 사람들은 큰 환난을 겪어 낸 사람들입니다. 그들은 어린 양이 흘리신 피에 자기들의 두루마기를 빨아서 희게 하였습니다(계 7:14).

천국에는 감리교인이 한 사람도 없다

어느 날 존 웨슬리 목사님이 기도를 하다가 깜빡 잠이 들었다. 하늘나라의 꿈을 꾸었다. 그가 황금 유리가 깔린 찬란한 보석 길을 따라 하늘나라에 도착하니 천국의 수위천사가 정중하게 맞아 주었다. 웨슬리가 수위 천사에게 물었다.

"천사님, 나와 더불어 영광스러운 감리교 운동을 하던 성도들이 하늘나라에 얼마나 왔습니까?"

그는 상당한 기대를 하고 천사의 답을 기다렸다. 잠시 하늘나라 명부를 훑어본 천사는 감리교인 명단이 하나도 없다고 말했다. 웨슬리가 받은 충격과 실망은 이루 말할 수 없었다.

"아무래도 내 신앙에 큰 잘못이 있었나 보다. 나의 선교활동은 결국 실패했구나. 그렇다면 칼빈의 교리가 맞나 보다. 천국은 온통 칼빈주의자들로 가득 찼겠구나."

웨슬리는 천사에게 그러면 장로교인은 얼마나 있느냐고 다시 물었다. 이에 천사는 다시금 생명록을 꺼내보더니, 장로교인도 한 사람도 없다고 하는 것이었다.

웨슬리는 깜짝 놀랐다. "장로교인도 천국에 없다니, 그렇다면 종교개혁이 실패를 했단 말인가? 결국 하늘나라는 천주교인으로 가득 찼겠구나."

몹시 실망해서 다시 물었다.

"그렇다면 하늘나라에는 모두 천주교인들만 있습니까?"

이번에도 천사는 같은 말을 했다.

"여기 이 생명록에 천주교인이라고 적혀 있는 사람은 한 사람도 없소."

"그렇다면 천국에는 도대체 누가 있습니까?"

웨슬리는 흥분해서 천사에게 물었다.

천사는 펼쳤던 생명록을 덮으며, 하늘나라는 예수 그리스도를 구주로 믿고 십자가의 피로 씻음 받은 기독교인들로 가득 차 있다고 말하고는 사라져버렸다.

마귀가 모르는 한 가지 사실

한번은 마틴 루터가 몹시 아파서 몸져 누웠다. 마귀가 루터를 비웃듯이 쳐다보면서 큰 두루마리를 펼쳐 보였다. 루터가 평생 지은 모든 죄들이 낱낱이 다 기록되어 있었다. 루터가 움찔했다.

"이것이 세상에 공개되는 날은 네가 하려고 하는 종교개혁도 다 끝장이야. 내가 읽어줄까?"

루터가 주눅이 들어서 아무 말을 못하고 있는데, 갑자기 깨달은 것이 있었다. 루터는 큰 소리로 외쳤다.

6. 천국 패스포트는 예수님의 보혈로 죄 씻음을 받은 사람에게만 주어진다(1)

"마귀야, 네가 잘 모르는 것이 하나 있는 것 같은데, 여기 있는 것들은 다 사실이다. 다 내가 지은 죄들이다. 그렇지만 마귀야, 예수 그리스도의 피로 내 모든 죄가 다 씻겨졌다는 사실을 잊은 것 같구나!"

그러자 마귀와 두루마리가 사라졌다고 한다.

모로코에 사는 어떤 사람이 선교사에게 전도를 받고서 예수님을 믿기로 작정했다. 선교사는 그에게 네 가지 색으로 된 글 없는 책을 보여주었다. 첫 페이지의 까만색은 인간의 죄와 죽음을 의미하고, 2페이지의 빨강색은 예수님의 피를 뜻하며, 3페이지의 흰색은 예수님의 피로 죄를 씻어서 양털같이 깨끗하게 된 것을 나타내며, 마지막 4페이지의 황금색은 하나님의 자녀의 영원한 영광스러움을 말한다고 설명해주었다. 그는 그 책을 가지고 집으로 돌아왔다. 그러나 얼마 후에 병이 들어 죽게 되었다.

그는 침상에 누워 아내에게 그 책을 가져다 달라고 하였다. 아내는 흰색 페이지를 펼쳐서 그의 가슴에 얹어 주며 "이렇게 깨끗하게 되어서 좋은 곳에 가겠군요"라고 말했다. 그러자 그 사람은 빨강색 페이지를 가슴에 펴 달라고 했다. 그리고 예수님의 피를 부르면서 죽어 갔다고 한다.

사면 받을 뻔한 사형수

사형수는 매일 죽는다는 말이 있다. 언제 죽을지 모르는 사형수에게는 기상 시간의 교도관 발자국 소리가 저승사자가 다가오는 소리로 들린다고 한다. 교도관이 문을 열고 들어와서 데려가면 그날은 사형이 집행되는 날이다.

어느 날 교도관이 감방 문을 열고 들어왔다. 그리고 아무 말 하지 않고 사형수를 데리고 나갔다. '이제 죽는가 보구나.' 하지만 교도관의 얼굴이 밝아보였다. 뭔가 좋은 일이 있는 것 같았다. "당신은 오늘 집으로 갑니다. 사면을 받았습니다." 형장의 이슬로 사라지는 것이 아니었다. 집으로 돌려보내기 위해 찾아온 것이었다. 그것이 우리라고 생각해보라. 전혀 상관없는 이야기로 들리는가? 그 사람이 바로 우리다.

얼마전 미국 캘리포니아에서 윌리엄스(Stanley Tookie Williams)라는 사람에게 사형을 집행했다. 그는 미국 최대의 흑인갱단을 조직, 4명을 살해한 혐의로 사형선고를 받고 복역 중이었다. 그는 복역 중에 자신의 잘못을 회개하고 새 사람이 되었다. 그리고 감옥에서 흑인 청소년들에게 갱단에 가담하지 말라고 촉구하는 8권의 동화책을 썼고, 반폭력 메시지를 담은 오디오 테이프를 제작·전파해 왔다. 그의 반폭력 활동은 영화로도 만들어졌고 조지 부시 대통령이 감사 편지를 보내기도 했다.

갱 두목에서 반폭력 운동가로 변신한 윌리엄스는 2001년부터 노벨평화상 후보로 추천됐다. 많은 사람들이 그의 감형을 요청하는 탄원서를 제출했지만 끝내 형장의 이슬로 사라지고 말았다. 그가 처형되지 않았더라면 노벨평화상 수상자가 되었을지도 모른다. 그랬더라면 그는 감형되었을 것이고, 형장의 이슬로 사라지지 않았을 것이다. 그러나 이 세상에 존재하지도 않는 사람에게 이런 가정이 무슨 의미가 있겠는가?

사형을 집행하던 날 교도관이 윌리엄스를 한 방으로 데리고 갔다. 그 방에는 침대가 하나 놓여 있었다. 사형을 집행하기 위한 침대였다. 침대 옆에는 두 대의 전화기가 놓여 있었다. 이 전화기는 죽기 전

6. 천국 패스포트는 예수님의 보혈로 죄 씻음을 받은 사람에게만 주어진다(1)

에 마지막 통화를 할 수 있도록 설치한 전화였을까? 아니다. 이 전화는 받기만 할 수 있고 걸지는 못하게 되어 있다.

하나는 백악관과, 또 하나는 주지사와 직통으로 연결된 전화였다. 이 사형수를 감형해줄 수 있는 사람은 대통령과 주지사, 딱 두 사람이었다. 둘 중 한 사람이라도 사형 집행을 중지하고 감형해 주라는 전화를 하면 윌리엄스는 살 수 있었다.

사형이 집행되는 마지막 순간까지 윌리엄스는 전화벨이 울리길 간절히 기다렸을 것이다. 노벨평화상 후보로 올라갔던 그에게 전화가 울릴 가능성은 상당히 높았다. 그러나 전화벨은 끝내 울리지 않았다. 그는 침대에 누워 주사를 맞고 5분 정도 후에 눈을 감고 말았다. 두 대 중 한 대의 전화벨만 울렸어도 그는 죽지 않았을 것이다.

윌리엄스에게는 다시 살 수 있는 기회가 주어지지 않았다. 평생 잊을 수 없는 은혜가 베풀어지지 않았다. 그러나 우리에게는 그런 놀라운 은혜가 주어졌다. 영원히 죽을 수밖에 없는 우리를 하나님께서 다시 살려주신 것이다.

극악무도한 죄를 짓고 형장의 이슬로 사라질 날만 기다리던 유두영이라는 사람이 있었다. 마침내 사형을 집행하는 날이 되었다. 교도소 소장이 이름, 생년월일 등 인정신문을 끝내고 마지막으로 그가 범한 죄를 읽어 내려가기 시작했다. 그러자 유두영이 손을 들고 말했다.

"소장님, 부탁이 있습니다. 소장님이 읽으시는 죄목을 다 인정합니다. 다 제가 지은 죄입니다. 그러나 그 죄는 제가 하나님을 몰랐을 때 지은 죄입니다. 하나님을 미리 알았더라면 그런 죄는 짓지 않았을 겁니다. 그러나 저는 늦게나마 하나님을 믿고 회개하고 새사람이 되었습니다. 나의 모든 죄는 이미 하나님께서 다 용서해주셨습니다. 이제 하나님을 알고 8년이란 세월을 살다가 하나님 나라에 가게 되었는데, 하나님께서 다 용서해주시고 기억도 아니하시는 더러운 죄를 다시 듣고 가기가 싫습니다. 용서받은 깨끗한 영과 몸, 그래도 하늘나라에 갈 수 있도록 그 부끄러운 죄를 읽지 말아주셨으면 감사하겠습니다."

그는 마지막으로 요한복음 3장 16절을 외우고 자기 몸의 장기를 필요한 사람들에게 다 기증하겠다고 말했다. 남길 유언이 있느냐고 묻자 이렇게 대답했다.

"제 마지막 부탁은 여기 있는 모든 분들이 제가 믿는 예수님을 믿으시는 것 하나밖에 없습니다."

잠시 후 수건으로 얼굴을 가리우고 올가미가 목에 씌워졌다. 어디선가 찬송 소리가 울려왔다.

"하늘 가는 밝은 길이 내 앞에 있으니……."

그가 숨지면서 마지막으로 부른 찬송이었다.

무용지물이 되어버린 사면장

미국의 조지 윌슨이라는 사람은 우체국에서 강도 행각을 벌이다가 강도와 살인죄로 체포되어 사형선고를 받았다. 교수형 받을 날만 기다리고 있는 그에게 어느 날 기쁜 소식이 들려왔다. 주변 사람들이 탄원을 거듭해 앤드류 잭슨 대통령에게서 어렵게 사면을 받아낸 것이다.

하지만 조지 윌슨은 사면을 받지 않겠다고 고집을 부렸다. 담당 보안관은 딜레마에 처했다. 대통령도 이런 경우에는 어떻게 해야 하는지 알 수가 없어서 미 연방대법원에 사건을 넘겼다. 대법원은 대통령이 사면했더라도 당사자가 받아들이지 않으면 효력이 없다는 최종 판결을 내렸다. 결국 조지 윌슨은 교수대에서 처형되었고, 그에게 주어진 사면장은 무용지물이 되고 말았다.

그렇다. 우리는 이미 사형선고를 받은 사람들이다. 영원히 지옥불에 던져지게 되어 있다. 그러나 예수님께서 하나님에게 탄원하여 사면장을 받아내셨다. 우리가 할 일은 죄를 사해주신 주님의 은혜를 받아들이는 것뿐이다. 그러면 천국 시민권자가 된다.

선물을 줄 때 그것을 받지 않고 끝까지 사양하면 선물을 주는 사람이 기분이 좋지 않을 것이다. 또 선물을 받고는 풀어보지도 않고 사용하지도 않으면 준 사람의 마음이 어떻겠는가?

나는 가끔 넥타이 선물을 받는다. 선물해 준 넥타이를 매면 그것을 준 사람은 기분이 좋을 것이다. 반대로 넥타이 선물을 했는데 한 번도 매는 것을 보지 못하면 서운할 것이다. 그래서 나는 매고 싶은 넥타이를 매지 못한다. 맘에 들든 안 들든 선물 받은 넥타이를 매야 한다. 어떤 분은 4년 전에 넥타이 선물을 해줬는데, 가끔 그 넥타이를 하고 교회를 가면 "오늘 목사님 넥타이가 멋있습니다"라고 하면서 좋아한다.

예수님께서 우리에게 주님의 보혈을 주셨다. 이것이 우리를 위해 주신 가장 고귀한 선물이다. 그 선물을 감사함으로 받고 누릴 때 예수님은 기뻐하신다. 우리가 구원받기 위해 노력하는 것을 기뻐하는 것이 아니라 주님이 주신 구원의 선물을 받아 누리는 것을 기뻐하신다.

우리가 죄사함을 받기 위해 따로 할 일이 없다. 아니 죄사함 받기 위해 우리가 할 수 있는 일이 하나도 없다. 하나님께서 우리에게 주신 구원의 선물을 그냥 받아들이기만 하면 된다. 그 피에 우리의 죄를 씻기만 하면 된다.

하지만 조지 윌슨 같은 사람이 많다. 예수님께서 이미 모든 죄를 다 사해주셨는데, 그분을 믿기만 하면 되는데, 그 보혈의 능력을 의지하기만 하면 되는데, 사면장을 받아들이지 않고 있다.

이 세상에서 가장 미련하고, 가장 불행한 사람은 모든 죄를 다 사함 받고 영생을 얻을 수 있는데도 조지 윌슨처럼 거부하고 지옥에 가는 사람들이다. 스스로 지옥에 가고 있는데도 당당하게 그 길을 가고 있다. 그러면서도 천하태평이다. 얼마나 안타까운 일인가?

우리는 이미 죄로 인해 죽은 자이다. 그러나 예수님의 피로 다시 살게 되었다. 사형선고를 받았다가 예수님 때문에 무죄 판결을 받은 것이다. 새로운 생명을 얻은 것이다. 우리는 죽었다가 살아난 자처럼 살아야 한다. 나를 위해 흘리신 주님의 피가 헛되지 않게 살아야 한다.

6. **천국 패스포트**는 예수님의 보혈로 죄 씻음을 받은 사람에게만 주어진다(1)

7_ 천국 패스포트는 예수님의 보혈로 죄 씻음을 받은 사람에게만 주어진다(2)

보혈을 통해 죄 사함을 얻게 되었다 | 보혈을 통해 천국 시민권자가 되었다 | 보혈을 통해 제사장이 되었다 | 보혈을 통해 하나님의 소유가 되었다

단 한 번에 지성소에 들어가셨습니다. 그는 염소나 송아지의 피로써가 아니라, 자기의 피로써, 우리에게 영원한 구원을 이루셨습니다.

히브리서 9:12

피 없이는 구원이 이루어질 수 없다. 죄 사함이 없다. 이것이 구원론의 핵심이다.

> 생물의 생명이 바로 그 피 속에 있기 때문이다. 피는 너희 자신의 죄를 속하는 제물로 삼아 제단에 바치라고, 너희에게 준 것이다. 피가 바로 생명을 지니고 있기 때문에, 죄를 속하는 것이다(레 17:11).

> 피를 흘림이 없이는, 죄를 사함이 이루어지지 않습니다(히 9:22).

성경을 빨래 짜듯이 쥐어짜면 뭐가 나올까? 피가 나온다. 성경에 피에 관한 언급이 430번 이상 나온다. 구약을 쥐어짜면 짐승의 피가 나오고, 신약을 쥐어짜면 예수님의 보혈의 피가 나온다. 구약시대에

7. 천국 패스포트는 예수님의 보혈로 죄 씻음을 받은 사람에게만 주어진다(2)

는 짐승의 피로 죄사함을 받았지만, 지금은 예수님의 보혈로 구원받는다.

구약의 짐승의 피와 신약의 예수님의 피는 뭐가 다른가? 짐승의 피는 덮어주는 피다. 죄는 그대로 있다. 그냥 덮어두는 것뿐이다. 열면 그 안에 죄가 그대로 남아 있다. 그러나 예수님의 피는 깨끗이 씻겨주는 피다. 그 피로 씻으면 죄가 없어진다.

짐승의 피로 죄 사함 받을 때는 해마다 짐승의 피를 흘려야 했다. 그러나 예수님은 하나님 앞에 완전하고도 영원한 제물로 스스로를 바치셨다. 그래서 더 이상 피를 흘릴 필요가 없게 되었다.

예수님의 보혈을 통해 얻을 수 있는 복이 얼마나 풍성한지 모른다. '복(bless)'이란 말은 '피를 흘린다(bleed)'라는 말에서 왔다. 예수님께서 우리를 위해 보혈을 흘려주셨기 때문에 우리가 복을 누릴 수 있게 된 것이다. 주님의 보혈로 씻음 받은 자만이 진정한 하늘의 복을 누릴 수 있다.

1. 보혈을 통해 죄 사함을 얻게 되었다

이것은 죄를 사하여 주려고 많은 사람을 위하여 흘리는 나의 피, 곧 언약의 피다(마 26:28).

모든 제사장은 날마다 제단에 서서 직무를 수행하면서 똑같은 제사를 거듭 드리지만, 그러한 제사가 죄를 없앨 수는 없습니다. 그러나 그리스도께서는 죄를 사하시려고, 단 한 번의 영원히 유효한 제사를 드리신 뒤에 하나님 오른쪽에 앉으셨습니다(히 10:11-12).

아버지께서 우리를 암흑의 권세에서 건져내셔서, 자기의 사랑하는 아들의 나라로 옮기셨습니다. 우리는 그 아들 안에서 구속 곧 죄 사함을 받았습니다(골 1:13-14).

보혈을 통해 모든 죄와 불의에서 깨끗하게 되었다.

그러나 하나님께서 빛 가운데 계신 것과 같이, 우리가 빛 가운데 살아가면, 우리는 서로 사귐을 가지게 되고, 하나님의 아들 예수의 피가 우리를 모든 죄에서 깨끗하게 해주십니다. 우리가 죄가 없다고 말하면, 우리는 자기를 속이는 것이요, 진리가 우리 속에 없는 것입니다. 우리가 우리 죄를 자백하면, 하나님은 신실하시고 의로우신 분이셔서, 우리 죄를 용서하시고, 모든 불의에서 우리를 깨끗하게 해주실 것입니다(요일 1:7-9).

하물며 영원한 성령을 힘입어 자기 몸을 흠 없는 제물로 삼아 하나님께 바치신 그리스도의 피야말로, 더욱더 우리들의 양심을 깨끗하게 해서, 우리로 하여금 죽은 행실에서 떠나서 살아 계신 하나님을 섬기게 하지 않겠습니까?(히 9:14)

오너라! 우리가 서로 변론하자. 너희의 죄가 주홍빛과 같다 하여도 눈과 같이 희어질 것이며, 진홍빛과 같이 붉어도 양털과 같이 희어질 것이다(사 1:18).

죄로 붉게 물든 우리의 심령을 깨끗게 할 수 있는 것이 딱 하나 있다. 그것은 예수님의 보혈이다. 예수님의 피를 부으면, 죄로 붉게 물든 우리의 심령이 헤르몬 산 꼭대기에 새로 내린 희고 정결한 눈과

7. 천국 패스포트는 예수님의 보혈로 죄 씻음을 받은 사람에게만 주어진다(2)

같이, 그리고 털을 깎기 위해 이제 막 요단 강에서 목욕을 하고 올라온 양의 털과 같이 희게 변한다.

보혈을 통해 대속함을 받게 되었다.

> 인자는 섬김을 받으러 온 것이 아니라 섬기러 왔으며, 많은 사람을 위하여 자기 목숨을 몸값으로 치러 주려고 왔다(마 20:28).

> 그분은 모든 사람을 위해서 자기를 대속물로 내주셨습니다 (딤전 2:6).

> 그는 실로 우리가 받아야 할 고통을 대신 받고, 우리가 겪어야 할 슬픔을 대신 겪었다. 그러나 우리는, 그가 징벌을 받아서 하나님에게 맞으며, 고난을 받는다고 생각하였다. 그러나 그가 찔린 것은 우리의 허물 때문이고, 그가 상처를 받은 것은 우리의 악함 때문이다. 그가 징계를 받음으로써 우리가 평화를 누리고, 그가 매를 맞음으로써 우리의 병이 나았다. 우리는 모두 양처럼 길을 잃고, 각기 제 갈 길로 흩어졌으나, 주님께서 우리 모두의 죄악을 그에게 지우셨다(사 53:5-6).

예수님께서 우리의 죄를 다 짊어지고 십자가에서 피 흘려 돌아가셨다. 우리가 죽어야 하는데 예수님께서 대신 죽으신 것이다. 죄도 없으신 예수님께서 우리의 죄를 짊어지시고 죄의 삯을 지불하셨기 때문에, 죄 사함을 받게 된 것이다.

2. 보혈을 통해 천국 시민권자가 되었다

보혈을 통해 죄에서 해방되었다.

예수 그리스도께서는 우리를 사랑하시며, 자기의 피로 우리의 죄에서 우리를 해방하여 주셨고(계 1:5).

우리는 죄의 노예였다. 죽음의 종노릇을 하며 살아야 했다. 사단에 얽매여 살고 있었다. 그런데 예수님께서 우리를 죄에서, 죽음에서, 사단에서 해방시켜주시기 위해 우리 대신 값을 지불하시고 우리를 사셨다. 그것이 바로 십자가에서 예수님께서 하신 일이다.

예수님의 보혈을 통해 우리는 죄와 죽음에서, 그리고 사단의 권세에서 자유함을 얻게 되었다. 예수님의 보혈이 아니면 우리는 결코 죄의 결박에서 벗어날 수 없다. 사망의 그늘에서 벗어날 수 없다. 사단의 발 아래 짓밟혀 살아갈 수밖에 없다. 그러나 예수님의 보혈이 우리를 자유케 해주셨다.

이제 여러분은 죄에서 해방을 받고, 하나님의 종이 되어서, 거룩함에 이르는 삶의 열매를 맺고 있습니다. 그 마지막은 영원한 생명입니다(롬 6:22).

보혈을 통해 하나님과 화목하게 되었다.

그러나 사람은, 그리스도 예수 안에서 얻는 구원으로 말미암아, 하나님의 은혜로 값없이 의롭다는 선고를 받습니다. 하나님께서는 이 예수를 속죄제물로 내주셨습니다. 그것은 그의 피를 믿을 때에 유효합니다. 하나님께서 이렇게 하신 것은, 사람들이 이제까지 지은 죄를 너그럽게 보아주심으로써 자기의 의를 나타내시려는 것이었습니다(롬 3:24-25).

7. 천국 **패스포트**는 예수님의 보혈로 죄 씻음을 받은 사람에게만 주어진다(2)

사랑은 이 사실에 있으니, 곧 우리가 하나님을 사랑한 것이 아니라, 하나님이 우리를 사랑하셔서, 자기 아들을 보내어 우리의 죄를 위하여 화목제물이 되게 하신 것입니다(요일 4:10).

그는 우리 죄를 위한 화목제물이시니, 우리 죄만 위한 것이 아니라 온 세상을 위한 것입니다(요일 2:2).

우리가 하나님의 원수일 때에도 하나님의 아들의 죽으심으로 말미암아 하나님과 화해하게 되었다면, 화해한 우리가 하나님의 생명으로 구원을 얻으리라는 것은 더욱더 확실한 일입니다(롬 5:10)

그분의 십자가의 피로 평화를 이루셔서, 그분으로 말미암아 만물을, 곧 땅에 있는 것들이나 하늘에 있는 것들이나 다, 자기와 기꺼이 화해시켰습니다(골 1:20).

보혈을 통해 영원한 생명과 구원을 누리게 되었다.

그는 염소나 송아지의 피로써가 아니라, 자기의 피로써, 우리에게 영원한 구원을 이루셨습니다(히 9:12).

내가 진정으로 진정으로 너희에게 말한다. 너희가 인자의 살을 먹지 아니하고, 또 인자의 피를 마시지 아니하면, 너희 속에는 생명이 없다(요 6:53).

하나님께서 아들을 세상에 보내신 것은, 세상을 심판하시려는 것이 아니라, 아들을 통하여 세상을 구원하시려는 것이다(요 3:17).

나는 양들이 생명을 얻고 또 더 넘치게 얻게 하려고 왔다(요 10:10).

우리는 죄로 말미암아 심판을 받을 수밖에 없고, 멸망당할 수밖에 없고, 지옥불에 떨어질 수밖에 없었다. 그러나 하나님은 우리를 사랑하신다. 그래서 우리가 멸망당하지 않고, 영생을 얻게 하기 위해 독생자 예수 그리스도를 보내주신 것이다.

내 말을 듣고 또 나를 보내신 분을 믿는 사람은, 영원한 생명을 가지고 있고 심판을 받지 않는다. 그는 죽음에서 생명으로 옮겨갔다(요 5:24).

나는 부활이요 생명이니, 나를 믿는 사람은 죽어도 살고, 살아서 나를 믿는 사람은 영원히 죽지 아니할 것이다(요 11:25-26).

누구든지 그를 믿기만 하면! 이것이 구원의 유일한 조건이다. 누구든지 믿음으로 예수 그리스도를 영접하기만 하면 심판을 받지 아니하고 사망에서 생명으로 옮겨진다. 자신의 선행이나 업적이나 공로로 구원받을 수 있는 사람은 한 사람도 없다. 그러나 믿기만 하면 구원을 받고, 하나님의 자녀가 되고, 영생을 누리게 된다. 이것이 바로 복음이다.

보혈을 통해 천국의 영광을 누릴 수 있게 되었다.

그 때에 장로들 가운데 하나가 흰 두루마기를 입은 이 사람들은 누구이며, 또 어디에서 왔습니까? 하고 나에게 물었습니다. 내가 장로님, 장로님께서 잘 알고 계십니다 하고 대답하였더니, 그는 나에게 이렇게 말하였습니다.

이 사람들은 큰 환난을 겪어 낸 사람들입니다. 그들은 어린 양이 흘리신 피에 자기들의 두루마기를 빨아서 희게 하였습니다(계 7:13-14).

천국에는 흰 옷 입은 사람만이 들어갈 수 있다. 흰 옷을 입으려면 죄로 더러워진 예복을 어린양의 피에 빨아야 한다. 그래야 천국 잔치에 참예할 수 있다. 예수님도 천국 잔치의 비유 가운데 어떤 사람이 예복을 입고 오지 않아서 쫓아냈다는 말씀을 하지 않으셨는가? 주님의 보혈로 깨끗이 씻김을 받은 자만이 천국 잔치에 참예할 수 있다.

3. 보혈을 통해 제사장이 되었다

보혈을 통해 거룩하게 되었다.

그러므로 예수도 자기 피로써 백성을 거룩게 하려고 성문 밖에서 고난을 받으셨느니라(히 13:12).

예수 그리스도의 몸을 단번에 드리심으로 말미암아 우리가 거룩함을 얻었노라(히 10:10).

보혈은 우리를 거룩하게 만든다. 깨끗한 것과 거룩한 것은 어떤 차이가 있을까? 거룩해지기 위해서는 먼저 깨끗해져야 한다. 죄 씻음 받았다고 다 거룩한 것은 아니다. 레위인을 세울 때는 물로 깨끗하게 했다. 그러나 제사장을 세울 때는 피를 뿌려 거룩하게 했다. 깨끗한 것과 거룩한 것의 차이를 잘 보여준다.

우리는 단순히 죄를 씻음 받는 데 머물면 안 되고 거룩해져야 한다. 구속함을 받은 백성은 거룩한 백성이 되어야 한다.

나 주가 거룩하니, 너희도 나에게 거룩한 사람이 되어야 한다. 나는 너희를 뭇 백성 가운데서 골라서, 나의 백성이 되게 하였다(레 20:26).

여러분을 불러주신 그 거룩하신 분을 따라 모든 행실을 거룩하게 하십시오(벧전 1:15).

보혈을 통해 제사장이 되었다.

주님은 죽임을 당하시고, 주님의 피로 모든 종족과 언어와 백성과 민족 가운데서 사람들을 사서 하나님께 드리셨습니다. 주님께서 그들을 우리 하나님 앞에서 나라가 되게 하시고, 제사장으로 삼으셨습니다. 그래서 그들은 땅을 다스릴 것입니다(계 5:9-10).

제사장의 생명은 거룩이다. 제사장은 거룩한 하나님의 성전에서 거룩한 하나님께 거룩한 제물을 거룩하게 바치는 사람이기 때문이다. 부정을 타거나 죄를 범하면 제사장의 일을 할 수가 없었다. 우리가 하나님을 섬기는 제사장이 될 수가 있는 것은 주님의 보혈을 통해 모든 죄를 다 깨끗이 씻음을 받고 거룩하게 되었기 때문이다.

보혈을 통해 하나님께 가까이 나아갈 수 있게 되었다.

그 때에 여러분은 그리스도와 상관이 없었고, 이스라엘 공동체에서 제외되어서, 약속의 언약과 무관한 외인으로서, 세상에서 아무 소망이 없이, 하나님도 없이 살았습니다. 여러분이 전에는 하나님에게서 멀리 떨어져 있었는데, 이제는 그리스도 예수 안에서 그분의 피로 하나님께 가까워졌습니다 (엡 2:12-13).

보혈을 통해 하나님을 섬길 수 있게 되었다.

자기 몸을 흠 없는 제물로 삼아 하나님께 바치신 그리스도의 피야말로, 더욱더 우리들의 양심을 깨끗하게 해서, 우리로 하여금 죽은 행실에서 떠나서 살아 계신 하나님을 섬기게 하지 않겠습니까?(히 9:14).

우리는 주님의 보혈을 통해 죄 씻음을 받고 정결하게 되고 거룩하게 되어 제사장이 되었다. 제사장이 하는 일은 하나님을 섬기는 것이다. 우리가 제사장이 되어 하나님을 섬길 수 있게 된 것은 바로 주님이 십자가에서 흘리신 보혈 때문이다.

보혈을 통해 지성소로 나아갈 수 있게 되었다.

그러므로 형제자매 여러분, 우리는 예수의 피를 힘입어서 담대하게 지성소에 들어가게 되었습니다. 예수께서는 휘장을 뚫고 우리에게 새로운 살 길을 열어 주셨습니다. 그런데 그 휘장은 곧 그의 육체입니다(히 10:19-20).

유대인들은 세계의 중심은 이스라엘이고, 이스라엘의 중심은 예루살렘이고, 예루살렘의 중심은 성전이며, 성전의 중심은 지성소라고 믿는다. 왜 이스라엘을 '성지(Holy Land)'라고 부르는가? 왜 예루살렘을 '거룩한 성(Holy City)'이라고 부르는가? 바로 그곳에 하나님의 성전(Holy Temple)이 있고 지성소(Holy of Holies)가 있기 때문이다.

지성소는 가장 거룩한 곳이다. 하나님께서 거하시는 곳이다. 하나님께서 내려오셔서 인간을 만나시는 곳이다. 하나님께서 인간의 죄를 사해주시는 곳이다. 하나님께서 인간에게 말씀하시고 은혜를 주시는 곳이다.

그곳에는 아무나 들어갈 수 없었다. 대제사장만이 들어갈 수 있었다. 대제사장이라고 할지라도 아무 때나 마음대로 들어갈 수 있는 곳이 아니었다. 1년에 단 하루, 속죄일에만 들어갈 수 있었다.

또한 아무 옷이나 입고 들어갈 수 없었다. 하나님 앞에 나아가는 것이기 때문에 가장 겸손한 자세로 나아가야 했다. 그래서 화려한 대제사장복이 아니라 단순한 세마포 옷을 입어야 했다.

하나님은 모든 인간을 대신해서 대제사장만 만나주셨다. 아무나 하나님을 만날 수 있는 것이 아니었다. 또 아무 데서나 하나님께서 만나주시지 않았다. 하나님은 1년에 단 하루, 지성소에서만 그리고 대제사장만을 만나주셨다.

그런데 지금은 어떤가? 우리는 대제사장을 통해 하나님을 만나지 않는다. 지성소에 들어갈 필요도 없다. 언제 어디서나 하나님을 만날 수 있다. 누구나 주님의 보좌 앞에 나아갈 수 있다.

예수님께서 돌아가실 때 찢어진 성전의 휘장은 성소와 지성소 사이를 가로막고 있는 커튼이었다. 이 휘장을 넘어갈 수 있는 사람은 대제사장밖에 없었다. 그러나 예수님께서 이 휘장을 갈라놓으셨다. 하나님께 직접 나아갈 수 있는 길이 열린 것이다. 이제 우리는 대제사장처럼 지성소에 담대하게 들어갈 수 있게 되었다. 예수님의 피를 통해 깨끗하게 죄 사함 받고 거룩한 제사장이 되었기 때문이다.
하나님을 만나기 위해 지성소로 들어가고자 하는 자마다 통과해야 할 곳이 있는데, 바로 이 찢어진 휘장이다. 예수님께서 찢어놓으신 이 휘장을 통해서만 지성소에 들어갈 수 있다. 예수님을 통해서만 하나님의 보좌와 지성소에 들어갈 수 있는 것이다.

4. 보혈을 통해 하나님의 소유가 되었다

보혈을 통해 하나님의 것이 되었다.

> 주님께서는 그 두루마리를 받으시고, 봉인을 떼실 자격이 있습니다. 주님은 죽임을 당하시고, 주님의 피로 모든 종족과 언어와 백성과 민족 가운데서 사람들을 사서 하나님께 드리셨습니다. 주님께서 그들을 우리 하나님 앞에서 나라가 되게 하시고, 제사장으로 삼으셨습니다. 그래서 그들은 땅을 다스릴 것입니다(계 5:9-10).

구원은 하나님께서 우리에게 거져주신 은혜의 선물이다. 우리는 그 선물을 거저 받았지만, 하나님은 거저 주신 것이 아니다. 선물을 받는 사람은 공짜로 받지만, 주는 사람은 그 선물을 주기 위해 대가를 치른다. 우리는 거저 구원의 선물을 받았지만, 하나님께서는 그 선물을 우리에게 주시기 위해 자기 아들을 이 땅에 보내시고, 십자가에 못박혀 죽게 하셨다. 엄청난 대가를 지불하신 것이다.

모든 것에는 가치가 있다. 가치는 저마다 다 다르다. 보통 가치를 수치로 환산한 것을 값어치라고 부른다. "이거 얼만가요?"라고 물으면 "만 원짜리입니다. 백만 원짜리입니다"라고 답한다. 우리는 얼마짜리일까? 우리는 '예수님짜리' 이다. 예수님께서 우리를 살리시기 위해 죽음으로 값을 치르셨기 때문이다. 당신은 대단히 소중한 존재이다. 당신을 위해서 예수님께서 친히 죄 값을 감당하셨다. 당신을 살리기 위해 예수님께서 십자가에 못 박혀 피 흘려 돌아가셨다.

성지 순례를 갔을 때의 일이다. 친구 목사님과 함께 예루살렘 시내로 가던 중 갑자기 뒤에서 쿵 하는 소리가 들렸다. 뒷차가 들이받은 것이었다. 얼른 도로 옆으로 차를 세웠다. 추돌사고를 낸 차에는 두 사람의 아랍 청년이 타고 있었다. 한 사람은 차에서 내렸고 한 사람은 내리지 않았다.

우리는 둘 다 내려서 차를 확인했다. 그런데 어처구니 없는 일이 벌어졌다. 뒷차에서 내린 사람이 우리 차에 올라타고는 쏜살같이 도주한 것이다. 눈깜짝할 사이에 일어난 일이었다. 엔진을 끄지 않고 내렸던 것이 실수였다.

지나가던 차를 부랴부랴 붙잡고 그 사람들을 뒤쫓아 갔다. 그러나 벌써 사라지고 없었다. 찾을 길이 막막했다. 너무 기가 막히고 어안이 벙벙하고 황당했다. 경찰서에 가서 신고를 했다.

세계에서 차량 도난 사고가 제일 많은 나라가 이스라엘이라고 한다. 신고를 해도 찾을 가능성은 거의 없다고 한다. 차량 도난 신고를 하고 허탈한 마음으로 돌아오는데, 친구 목사님의 휴대전화가 차 안에 있는 것이 생각이 났다. 그래서 그 번호로 여러번 전화를 한 끝에 마침내 그들과 통화를 할 수 있었다.

다행히 이야기가 잘 돼서 2,000달러를 주고 차를 돌려받기로 했다. 그리고 돈을 준비해서 약속 장소인 아랍 동네로 갔다. 아랍 지역은 분위기부터 달랐다. 잘못하면 큰일을 당할 수도 있겠다는 생각에

7. 천국 패스포트는 예수님의 보혈로 죄 씻음을 받은 사람에게만 주어진다(2)

두려움마저 들었다. 꽤 시간이 지났는데도 범인들은 모습을 보이지 않았다. 우리를 믿을 수가 없으니까 우리가 온 것을 보고도 계속 감시를 한 것이다. 몇 번이나 약속 장소를 변경한 다음 그 사람들을 만날 수 있었고 2,000달러를 주고 차를 다시 찾아왔다.

경찰서에 가서 차를 다시 찾았노라고 보고했다. 경찰은 어이 없다는 듯이 우리를 쳐다보며 이렇게 말했다. "당신들 미쳤냐? 죽으려고 그런 짓 했냐?"

가만히 생각해보니까 우리가 상당히 위험한 상황에 처해 있었다. 그는 강도였다. 우리가 차를 찾으러 갔을 때 돈 2,000달러를 뺏고 다시 도망갈 수 있는 상황이었다. 후환을 없애려고 - 얼굴을 아니까 - 칼로 찌를 수도 있었을 것이다. 우리가 타고 갔던 택시 기사도(아랍 사람이었다) 그들이 칼을 가지고 있을지 모르니 조심하라고 당부한 터였다. 꼼짝없이 당할 수밖에 없는 상황이었다. 그러나 하나님께서 보호하사 다행히 아무 일도 없었던 것이다.

하나님도 2,000년 전에 똑같은 일을 당하셨다. 우리는 하나님의 자녀였다. 하지만 사단이 우리를 강도질 해갔다. 순식간에 사단의 종 노릇을 하는 자로 전락하고 말았다. 하나님 보실 때 얼마나 기가 막힐 노릇이었겠는가?

하나님은 어떤 대가를 치르고서라도 우리를 다시 찾아와야겠다고 작정하셨다. 우리를 도로 찾아오시기 위해 하나님은 사단과 거래를 하셨다. 요구하는 대가를 그대로 지불하셨다.

그 대가가 무엇인가? 바로 십자가였다. 사단은 예수님의 피를 요구했다. "네 아들을 나에게 내놓아라. 그러면 다시 돌려주겠다." 그래서 하나님은 예수 그리스도를 십자가에 못 박혀 돌아가게 하셨던 것이다. 예수님께서 보혈을 흘리심으로 말미암아 우리는 다시 하나님의 자녀가 되었다.

　차를 도난당했을 때 억울했지만, 돈을 주고 찾아왔다. 하나님도 어쩔 수 없이 피의 대가를 지불하시고 우리를 다시 찾아오신 것이다. 얼마나 감사한 일인가?

　성경은 이렇게 말씀하고 있다.

> 여러분은 하나님께서 값을 치르고 사들인 사람입니다. 그러므로 여러분의 몸으로 하나님을 영화롭게 하십시오(고전 6:20).

　미국에는 노예를 팔고 살 수 있는 제도가 있었다. 키, 몸무게, 나이가 기입된 노예매매 광고가 버젓이 신문에 게재되었다. 어떤 사람이 많은 돈을 주고 한 노예를 샀다. 매매와 동시에 노예는 그 사람의 소유가 된다. 그런데 이 사람이 돈을 주고 산 그 노예를 풀어주었다고 하자. "너는 이제부터 노예가 아니다." 그러면 노예는 자유로운 사람이 된다.

　노예가 노예의 신분에서 풀려나 자유로운 사람이 된다고 하는 것은 꿈속에서나 가능한 일이었다. 노예는 절대로 자신의 힘으로는 노예 신분에서 벗어날 수가 없었다. 도망을 갔다가 잡히면 가차 없이 죽임을 당했다. 노예의 신분에서 벗어나는 방법은 딱 하나밖에 없었다. 주인이 풀어주든지, 다른 사람이 그 노예를 사서 풀어주는 것 외에는 방법이 없었다.

　우리는 사단에게 종 노릇하고 있었다. 절대로 우리 힘으로는 사단에게서 벗어날 수 없었다. 하나님께서 십자가 위에서 사단에게 값을 지불하고 우리를 사셨다. 그래서 우리는 사단의 노예에서 풀려나게 되었고, 하나님의 자녀로서 자유롭게 살아갈 수 있게 된 것이다.

7. 천국 패스포트는 예수님의 보혈로 죄 씻음을 받은 사람에게만 주어진다(2)

우리가 도난당한 차를 대가를 지불하고 다시 찾아오지 않았다면, 그 강도들은 차를 다른 데 팔아넘겼든지, 아니면 타다가 버렸을 것이다. 남들이 알아보지 못하도록, 색깔도 다시 칠하고 번호판도 다시 달았을 것이다.

훔친 차를 주인처럼 애지중지 하면서 탔을까? 타다가 고장 나면 고장 난 대로 그냥 탔을 것이고 굴러가지 않으면 아무 데나 버렸을 것이다. 우리 차를 가지고 또 다른 범죄를 저질렀을지도 모른다. 나중에 알아본 결과 그들은 전과가 많은 사람들이었다. 그 사람들이 타고 있던 차도 강탈한 차였을 것이다. 우리가 빼앗겼던 차는 하나님의 일을 하는 데 쓰는 차였다. 도로 찾아오지 않았다면, 강도짓 하는 데 사용되는 차가 되고 말았을 것이다. 예수님께서 십자가에서 우리를 구속하시기 위해, 우리를 다시 찾아오시기 위해 피를 흘리지 않으셨다면, 우리도 똑같은 신세가 되었을 것이다.

예수님께서 우리를 위해서 대가를 지불하지 않으셨다면, 우리는 평생 동안 죄와 죽음과 사단의 노예로서 비참하게 살아가야만 했을 것이다. 사단의 발 밑에서, 죄와 죽음과 어둠의 그늘에서 벗어나지 못했을 것이다. 그러나 십자가에서 흘린 보혈로 말미암아 우리는 하나님의 자녀가 되었고, 영생복락을 누리게 되었다. 얼마나 감사하고 감사한 일인가! 정말 무한 감사할 일 아닌가!

보혈의 능력을 통해 하나님은 우리를 지켜주신다.

> 문틀에 피를 발랐으면, 그것은 너희가 살고 있는 집의 표적이니, 내가 이집트 땅을 칠 때에, 문설주에 피를 바른 집은, 그 피를 보고 내가 너희를 치지 않고 넘어갈 터이니, 너희는 재앙을 피하여 살아 남을 것이다(출 12:13).

이스라엘 민족이 출애굽할 때 하나님께서 이집트 백성에게 10가지 재앙을 내리셨다. 그때 마지막 10번째 재앙이 장자를 죽이는 것이었다.

이집트에 10번째 재앙이 내리기 직전이었다. 한 히브리 노인이 맏아들의 집에 살고 있었다. 그 맏아들에게는 어린 아들이 하나 있었다. 노인이 아들에게 물었다.

"아들아, 명령받은 대로 모든 일을 제대로 행했느냐?"

"예, 아버지 걱정 마십시오."

노인은 얼마 지나지 않아 불안한 마음으로 다시 물었다.

"아들아, 정말 확실하게 잘 해놓았겠지? 문설주에 어린양의 피를 잘 뿌려놓았겠지?"

"그럼요. 염려하지 마세요."

하지만 밤이 깊어갈수록 노인은 불안했다.

"아들아, 나를 밖으로 데려가다오. 직접 내 눈으로 확인을 해보아야 마음이 놓일 것 같구나."

나이가 많아 거동이 불편했지만 노인은 밖으로 나갔다. 문설주에 어린양의 피가 발라져 있는 것을 보고서야 비로소 마음을 놓았다고 하는 이야기가 있다.

우리도 마찬가지다. 가정과 자녀, 사업, 그리고 우리의 심령에 예수님의 보혈이 분명하게 뿌려져 있는지 확인해야 할 것이다.

> 하나님에게서 태어난 사람은 누구든지 죄를 짓지 않는다는 것을, 우리는 압니다. 하나님에게서 태어나신 분이 그 사람을 지켜주시므로, 악마가 그를 해치지 못합니다(요일 5:18).

7. **천국** 패스포트는 예수님의 보혈로 죄 씻음을 받은 사람에게만 주어진다(2)

하나님께서는 여러분의 믿음을 보시고 그의 능력으로 여러분을 보호해 주시며, 마지막 때에 나타나기로 되어 있는 구원을 얻게 해 주십니다(벧전 1:5).

보혈의 능력을 통해 영적인 전쟁에서 승리할 수 있다.

우리의 동료들은 어린 양이 흘린 피와 자기들이 증언한 말씀을 힘입어서 그 악마를 이겨 냈다. 그들은 죽기까지 목숨을 아끼지 않았다(계 12:11).

우리가 주님께서 십자가에서 흘리신 보혈로 얼마나 놀라운 은혜를 입게 되었는가? 이 모든 것 중 어느 것 하나라도 주님의 보혈이 아니었다면 절대로 우리가 누릴 수 없는 것들이다.

8_ 천국 패스포트는 믿음을 통해서 의롭다 인정받은 사람에게만 주어진다

구원은 노력해서 얻을 수 있는 것이 아니다 | 예수님을 통해서만 구원받을 수 있다 | 예수님을 믿음으로 구원을 받는다 | 하나님의 은혜로 구원받는다 | 구원의 선물을 믿음으로 받아들일 때 구원받을 수 있다

여러분은 믿음을 통하여 은혜로 구원을 얻었습니다. 이것은 여러분에게서 난 것이 아니요, 하나님의 선물입니다.
행위에서 난 것이 아닙니다. 그러므로 아무도 자랑할 수 없습니다.

에베소서 2:8-9

'세상에 이런 일이'라는 텔레비전 프로그램에 이를 아주 심하게 가는 30대 청년이 소개된 적이 있다. 그의 이 가는 소리가 얼마나 크던지 공장에서 기계 돌아가는 소리 같았다. 매일 밤새도록 이를 간다고 한다. 얼마나 이를 갈았는지 뾰족해야 할 송곳니가 다 닳아서 평평해져 있었다. 이를 보호하기 위해 마우스를 끼우고 잠을 잤지만 두 달도 못 가서 구멍이 나고 말았다고 한다.

　그런데 이 사람은 스무 살 이전에는 한 번도 이를 간 적이 없었다고 한다. 군대 간 지 100일째 되는 날, 5년 동안 사귄 여자 친구에게서 헤어지자고 하는 편지가 왔다. 예상치 못한 결별 선언의 충격에 이를 갈기 시작했다고 한다. 10년이라는 세월이 지났는데도 밤마다 이를 부득부득 가는 습관은 고쳐지지 않았다. 얼마나 배신감과 충격이 컸으면 그랬겠는가? 결국 이를 갈지 않기 위해서는 정신과 치료를 받아야 한다는

8. 천국 패스포트는 믿음을 통해서 의롭다 인정받는 사람에게만 주어진다

결론이 나왔다.

애인의 변심에도 이가 박박 갈리는데, 지옥에 갔을 때 분노와 절망감은 얼마나 크겠는가?

> 이 사람의 손발을 묶어서, 바깥 어두운 데로 내던져라. 거기서 슬피 울며 이를 갈 것이다(마 22:13; 참조, 마 13:42, 50, 24:51, 25:30).

예수님도 오른손이 죄를 짓게 만들면 차라리 그 오른손을 잘라버리고 천국에 들어가는 것이 백체를 갖고 지옥불에 들어가는 것보다 낫다고 하셨다. 또 한쪽 눈이 죄를 짓게 하면 그 눈을 차라리 빼버리고 천국에 들어가는 것이 백체를 가지고 지옥불에 던져지는 것보다 백 배 낫다고 하셨다.

중세 시대에는 연옥(purgatory)이라고 하는 곳이 있다고 가르쳤다. 연옥은 지옥은 아니고 지옥에 들어가기 전에 대기하는 대기소 비슷한 곳이다. 잘하면 천국에 갈 수도 있지만 그렇지 못하면 영원히 지옥에 들어가게 되는 그런 곳이다.

성경에는 연옥 같은 곳이 없다. 연옥은 가톨릭에서 만들어 낸 교리이다. 연옥 교리에 있어서 중요한 것은, 연옥에 간 사람들을 지금 살아있는 사람들이 구해줄 수 있다고 하는 것이다. 그리고 앞으로 연옥에 갈 사람도 연옥에서의 형벌 기간을 단축할 수 있는 방법이 있다고 한다. 성자들의 공로를 힘입으면 가능하다는 것이다. 성자들은 그들의 공로가 하도 커서 자신들을 구원하고도 남은 공로가 엄청 많다고 한다. 그래서 그 공로를 나누어주어 다른 사람들도 그들의 공로를 통해 구원받을 수 있다고 한다.

어떻게 하면 성자들의 공로를 힘입을 수 있는가? 성자들의 유골을 보면 죄삯을 할인 받게 된다고 한다. 중세 시대 성당에 성자들의 시신이 즐비한 것이 그 이유다. 종교개혁가 마틴 루터가 있었던 독일의 비텐베르크 성당에는 무려 2만 개의 유골이 안치되어 있었다. 이 유골들은 만성제(모든 성인들의 날, 11월 1일)날 전시되었다. 이때 이 유골들을 본 사람들은 교황에게서 190만 2202년을 면제받는다. 미신 같은 행사이다.

가톨릭에는 죄 사함 받을 수 있는 방법이 또 하나 있다. 그것은 면죄부(indulgence)라고 하는 것이다. 면죄부는 죄를 면해주는 증서, 다시 말해 천국행 티켓이었다. 처음에는 십자군 전쟁에 참석했던 사람들에게 교황이 이 면죄부를 나누어주었다. 그리고 십자군 전쟁에는 직접 참여하지 못하지만 그들을 위해서 돈을 내는 사람들에게도 나누어주었다. 그러자 너도나도 면죄부를 얻기 위해 돈을 냈고 교황청에 매일 돈을 가득 싣고 들어오는 마차들의 행렬이 끊어지지 않았다.

면죄부로 재미를 본 교황청은 본격적으로 면죄부를 팔기 시작했다. 돈 몇 푼만 주고 면죄부를 사면 죽어서 연옥에 가 있는 부모 형제들의 영혼을 구원할 수 있다고 하는데 면죄부를 사지 않을 사람이 누가 있겠는가? 로마에 있는 유명한 베드로 대성당도 면죄부를 팔아서 모은 돈으로 지은 건물이다.

가톨릭에는 사제에게 죄를 고백하는 고해성사(confession) 제도가 있다. 죄를 적게 져서 그런지 갈수록 고해성사를 하는 사람이 줄어든다고 한다. 루터도 죄의 문제로 금식을 하고 철야도 해보았지만, 그것으로 마음이 놓이지 않았다. 그래서 신부님을 찾아가 고해성사를 했다. 시간을 가리지 않고 하루에도 몇 차례씩 찾아가서 죄를 고백했다. 어떤 때는 6시간 동안 고해가 계속되었다. 고해를 받는 신부도 지겨웠는지 루터에게 이렇게 말했다고 한다.

8. 천국 패스포트는 믿음을 통해서 의롭다 인정받는 사람에게만 주어진다

"루터, 다음에 올 때는 죄를 모아서 가지고 오게나."

또 한 신부는 이렇게 말했다고 한다. (우스갯소리로 만들어낸 이야기인지도 모른다.)

"여보게 루터, 그리스도께 용서를 받고 싶거든, 죄다운 죄를 가지고 오게나. 시시껄렁하고 자질구레한 것 말고, 살인이나 간음 같은 죄들 말일세."

루터는 자신이 지은 죄를 이 잡듯이 샅샅이 뒤지고 털어서 고해를 했다. 하지만 자신의 영혼을 털면 털수록 죄가 계속 쏟아져 나왔다. 루터는 자신의 죄를 생각만 해도 끔찍했다. 온몸이 부르르 떨릴 정도였다. 혹시 생각나지 않은 죄가 있을까, 고해하지 않은 죄는 없을까, 늘 불안을 떨쳐버리지 못했다.

루터는 자기가 지은 죄의 대가를 스스로 지불하기 위해 고행을 자처했다. 그렇게 해서라도 하나님의 마음을 조금이라도 풀어보려고 했던 것이다. 그래도 그의 마음은 평안이 없었다. 죄의 용서에 대한 확신이 없었다.

루터는 수도사로서 흠이 없는 사람이었지만 하나님 앞에서 죄책감을 떨쳐버리지 못했다. 하나님의 진노를 사그러지게 해보려고 갖은 애를 다 썼지만 그에게 하나님은 심판하시는 무서운 하나님으로만 보였다. 그는 무서운 아버지에게 잘못하면 매를 맞을까봐 전전긍긍하며 눈치만 보는 그런 아이와 같았다.

결국 그는 자기가 노력해서는 결코 하나님의 진노를 누그러뜨릴 수 없다는 것을 깨달았다. 공로를 쌓아서 죄 사함 받을 수 있는 가능성이 자기 자신에게는 전혀 없다는 것을 알게 되었다.

그는 죄의 문제를 해결하기 위해 열심히 성경을 연구하다가 놀라운 사실을 발견하였다. 로마서 1장 17절의 말씀이 그의 눈에 띄었다.

"의인은 믿음으로 살 것이다."

믿음으로 구원받는다는 사실은 로마서 3장 22절에서도 확인할 수 있다.

> 하나님의 의는 예수 그리스도를 믿는 믿음을 통하여 오는 것인데, 모든 믿는 사람에게 미칩니다. 거기에는 아무 차별이 없습니다(롬 3:22).

에베소서 2장에서도 동일하게 말씀하고 있다.

> 여러분은 믿음을 통하여 은혜로 구원을 얻었습니다. 이것은 여러분에게서 난 것이 아니요, 하나님의 선물입니다(엡 2:8).

루터는 오직 은혜로만, 오직 믿음으로만 구원받는다는 사실을 발견했다. '아, 내가 공로를 쌓는다고 죄가 삭감되는 것이 아니구나. 선행을 쌓는다고 해서 죄를 용서해주시는 것이 아니구나. 고행으로 하나님의 화가 풀어지는 것이 아니구나.'

구원은 노력해서 얻을 수 있는 것이 아니다

> 여러분은 믿음을 통하여 은혜로 구원을 얻었습니다. 이것은 여러분에게서 난 것이 아니요, 하나님의 선물입니다. 행위에서 난 것이 아닙니다. 그러므로 아무도 자랑할 수 없습니다(엡 2:8-9).

천국에 들어갈 수 있는 자격이 있는 사람은 단 한 사람도 없다.

8. 천국 패스포트는 믿음을 통해서 의롭다 인정받는 사람에게만 주어진다

그러나 사람이, 율법을 행하는 행위로 의롭게 되는 것이 아니라, 예수 그리스도를 믿는 믿음으로 의롭게 되는 것임을 알고, 우리도 그리스도 예수를 믿은 것입니다. 그것은, 우리가 율법을 행하는 행위로가 아니라, 그리스도를 믿는 믿음으로 의롭다고 하심을 받고자 했던 것입니다. 율법을 행하는 행위로는, 아무도 의롭게 될 수 없기 때문입니다(갈 2:16).

율법의 행위로는 하나님 앞에서 의롭다고 인정받을 사람이 아무도 없습니다. 율법으로는 죄를 인식할 뿐입니다(롬 3:20).

데이비드 그레고리가 쓴 《예수와 함께한 저녁 식사》에 나오는 이야기다. 인류 역사상 가장 사악한 사람이 누구라고 생각하는가? 히틀러? 명함을 꺼내서 뒷면 맨 아래에 선을 하나 그어놓고 히틀러라고 써놓으라.

반대로 가장 훌륭한 사람이 누구라고 생각하는가? 마더 테레사? 그렇다면 명함 맨 위에 선을 하나 그어놓고 거기에 마더 테레사라고 써놓으라.

그러면 당신은 어디쯤 위치하고 있을까? 테레사와 히틀러 중간 어디쯤 될 것이다. 당신의 위치에 선을 긋고 당신의 이름을 써놓으라.

이 명함을 높이 400미터가 넘는 씨어스 타워(Sears Tower) 맨 아래층 주춧돌에 세워놓았다고 가정해보자. 하나님의 기준은 어디쯤에 그릴 수 있을까? 씨어스 타워 100층 꼭대기에 그려야 할 것이다. 하나님의 기준인 씨어스 타워 꼭대기에서 보면 마더 테레사나 당신이나 히틀러도 다 거기서 거기일 것이다. 그렇게 큰 차이가 없는 것이다. 성녀 테레사가 쌓은 덕행과 하나님의 기준 사이의 간격도 히틀러와 하나님 사이의 간격만큼이나 크다는 것이다.

멀리뛰기 세계 기록 보유자와 내가 운동장에서 시합을 한다면 결과는 보나마나다. 그러나 그 사람과 내가 그랜드 캐니언에 가서 계곡 이쪽에서 저쪽으로 건너뛰는 시합을 한다면 어떨까? 이기고 지고가 없다. 둘 다 계곡에 떨어져 죽고 말 것이다. 죄로 인해 생긴 하나님과 우리 사이의 거리를 어찌 그랜드 캐니언에 비교할 수 있겠는가? 하물며 누가 그 사이를 건너뛰거나 메울 수 있겠는가?

> 모든 사람이 죄를 범하였습니다. 그래서 사람은 하나님의 영광에 못 미치는 처지에 놓여 있습니다(롬 3:23).

무한한 하나님 앞에서 유한한 인간은 모두 똑같다. 그 누구도 하나님의 기준에 도달할 수 없다. 사악한 히틀러가 천국에 들어갈 수 없는 것처럼 마더 테레사도 그의 공로나 덕행으로는 천국 근처에도 갈 수 없다. 자신의 선행이나 업적, 노력으로 천국에 들어갈 수 있는 사람은 아무도 없다.

예수님을 통해서만 구원받을 수 있다

> 예수 밖에는, 다른 아무에게도 구원은 없습니다. 사람들에게 주신 이름 가운데 우리가 의지하여 구원을 얻어야 할 이름은, 하늘 아래에 이 이름밖에 다른 이름이 없습니다(행 4:12)

> 나는 길이요, 진리요, 생명이다. 나를 거치지 않고서는, 아무도 아버지께로 갈 사람이 없다(요 14:6).

8. 천국 패스포트는 믿음을 통해서 의롭다 인정받는 사람에게만 주어진다

이 세상에는 많은 종교가 있다. 하지만 기독교를 수많은 종교 중 하나로 여겨서는 안 된다. 오직 예수님만이 하나님께로 우리를 인도한다. 구원을 위해서는 오직 주님만을 의지해야 한다. 구원받기 위해 오직 주님만을 의지하는 자를 예수님은 구원하신다. 예수님만이 우리를 구원할 수 있다고 믿는 사람을 예수님은 구원하신다.

종교와 예수님의 복음은 엄연히 다르다. 종교는 사람이 만든 것이지만 복음은 하나님께서 주신 것이다. 종교는 인간이 신을 위해서 무엇을 해야 하는지 가르친다. 그러나 복음은 하나님께서 인간을 위해서 무엇을 하셨는지 알려준다.

종교는 인간 편에서 신을 찾는 것이고, 복음은 하나님 편에서 인간을 찾아오신 것이다. 종교는 신을 찾아 선행이라고 하는 사다리를 타고 계속 올라가는 것이고, 복음은 그리스도께서 우리를 구원하시기 위해 내려오는 것이다.

종교는 좋은 충고를 해주지만 복음은 영광스러운 선포이다. 종교는 우리의 행위를 개혁시키지만 복음은 내적인 변화를 가져온다. 종교는 사람의 마음에 만족을 가져다 주지만 복음은 사람의 영혼을 만족시킨다. 종교는 계속 선을 행하면 선한 사람이 될 것이라고 가르치지만, 복음은 선한 사람이 되어야 선을 행할 수 있다고 가르친다. 그리고 하나님의 은혜로, 그리스도의 보혈로 선한 사람이 될 수 있다고 가르친다.

종교는 계속 좋은 생각을 하면 마음이 깨끗하게 될 것이라고 말하지만, 복음은 심령이 깨끗한 자라야 선한 생각을 할 수 있다고 말한다. 종교는 근본적으로 외적인 행위에 관심을 갖지만, 복음은 우리의 내면에 관심을 갖고 있다.

차가 고장이 났다. 그러면 정비 공장에 가서 수리를 받아야 한다. 종교는 고장 난 차를 세차장에 가서 닦으라고 가르치는 격이다.

종교는 선행을 강조한다. 그러나 복음은 은혜를 강조한다. 종교는 스스로를 구원하라고 강조한다. 그러나 복음은 구원을 받아들이라고 권면한다.

예수님을 믿음으로 구원을 받는다

> 하나님께서 세상을 이처럼 사랑하셔서 외아들을 주셨으니, 이는 그를 믿는 사람마다 멸망하지 않고 영생을 얻게 하려는 것이다(요 3:16).

하나님께서 우리를 이처럼 사랑하셔서 독생자를 주셨다. 멸망치 않고 영생을 얻도록 하기 위해서이다. 우리는 죄로 인해 죽을 수밖에 없다. 심판을 피할 수 없다. 멸망당할 수밖에 없다. 그러나 하나님은 저주를 받아 지옥에 떨어질 수밖에 없는 우리를 가만히 보고 계실 수 없으셨다. 우리를 사랑하시기 때문이다. 그래서 예수님을 우리에게 보내 주신 것이다.

우리가 하나님의 자녀가 되기 위해 해야 할 일은 하나도 없다. 믿기만 하면 된다. 영생을 얻기 위해 따로 해야 할 일이 있는 것이 아니다. 예수님을 믿기만 하면 된다. 구원받기 위해서도 마찬가지다. 예수님을 믿기만 하면 된다.

> 모세가 광야에서 뱀을 든 것같이, 인자도 들려야 한다. 그것은 그를 믿는 사람마다 영생을 얻게 하려는 것이다(요 3:14-15).

아들을 믿는 사람은 심판을 받지 않는다. 그러나 믿지 않는 사람은 이미 심

8. 천국 패스포트는 믿음을 통해서 의롭다 인정받는 사람에게만 주어진다

판을 받았다. 그것은 하나님의 독생자의 이름을 믿지 않았기 때문이다(요 3:18).

내 말을 듣고 또 나를 보내신 분을 믿는 사람은, 영원한 생명을 가지고 있고 심판을 받지 않는다. 그는 죽음에서 생명으로 옮겨갔다(요 5:24)

나는 부활이요 생명이니, 나를 믿는 사람은 죽어도 살고, 살아서 나를 믿는 사람은 영원히 죽지 아니할 것이다(요 11:25-26).

주 예수를 믿으시오. 그리하면 그대와 그대의 집안이 구원을 얻을 것입니다(행 16:31).

사람이 율법의 행위와는 상관없이 믿음으로 의롭다고 인정을 받는다고 우리는 생각합니다(롬 3:28).

하나님께서는 할례를 받은 사람도 믿음을 보시고 의롭다고 하시고, 할례를 받지 않은 사람도 믿음을 보시고 의롭다고 하십니다(롬 3:30).

사람이, 율법을 행하는 행위로 의롭게 되는 것이 아니라, 예수 그리스도를 믿는 믿음으로 의롭게 되는 것임을 알고, 우리도 그리스도 예수를 믿은 것입니다. 그것은, 우리가 율법을 행하는 행위로가 아니라, 그리스도를 믿는 믿음으로 의롭다고 하심을 받고자 했던 것입니다. 율법을 행하는 행위로는, 아무도 의롭게 될 수 없기 때문입니다(갈 2:16).

하나님의 은혜로 구원받는다

여러분은 믿음을 통하여 은혜로 구원을 얻었습니다. 이것은 여러분에게서 난 것이 아니요, 하나님의 선물입니다. 행위에서 난 것이 아닙니다. 그러므로 아무도 자랑할 수 없습니다(엡 2:8-9).

범죄로 죽은 우리를 그리스도와 함께 살려 주셨습니다. 여러분은 은혜로 구원을 얻었습니다(엡 2:5).

사람은 그리스도 예수 안에서 얻는 구원으로 말미암아, 하나님의 은혜로 값없이 의롭다는 선고를 받습니다(롬 3:24).

하나님께서 세상을 이처럼 사랑하셔서 외아들을 주셨으니, 이는 그를 믿는 사람마다 멸망하지 않고 영생을 얻게 하려는 것이다(요 3:16).

하나님은 예수님을 우리에게 선물로 주셨다. 예수님이라고 하는 선물 보따리에는 영생이 들어 있다. 영원한 생명을 예수 그리스도를 통해서 우리에게 선물로 주신 것이다.

죄의 삯은 죽음이요, 하나님의 선물은 우리 주 예수 그리스도 안에서 누리는 영원한 생명입니다(롬 6:23).

욕심이 잉태한즉 죄를 낳고 죄가 장성한즉 사망을 낳는다. 죄의 삯은 사망이다. 죄로 인해 영원히 죽을 수밖에 없는 우리들이다. 그런 우리에게 영원한 생명을 선물로 주셨으니, 실로 놀라운 은혜가 아닐 수

8. **천국 패스포트**는 믿음을 통해서 의롭다 인정받는 사람에게만 주어진다

없다.

영국 여왕의 저택 근처에 여왕의 포도원이 있었다. 그 포도원 가까운 곳에 가난한 여인이 살고 있었다. 그 여인의 어린 딸은 아파서 몸져 누워 있었다. 아픈 딸이 담장 너머 탐스럽게 열린 포도를 먹고 싶어했다. 여인은 포도 몇 송이를 따가지고 포도원 관리인에게 갔다.

"어린 딸이 아파서 누워 있는데 이 포도를 먹고 싶어합니다. 그래서 몇 송이 따왔습니다. 얼마에 살 수 있겠습니까?"

그러자 관리인이 노했다.

"어찌 그리 무엄한 짓을 했소? 여왕께서 뭐가 모자라서 포도를 파시겠소?"

우연히 그 말을 들은 여왕의 딸이 말했다.

"아주머니, 우리 엄마는 포도를 팔지 않으세요. 그러나 당신이 원하시면 필요한 만큼 그냥 주실 거예요."

여왕은 포도를 팔지 않는다. 다만 필요한 사람들에게 나누어줄 뿐이다. 여왕에게 포도를 팔라고 하는 것은 여왕을 모독하는 것이다. 여왕에게는 은혜로 포도를 하사해 달라고 간청을 해야 한다. 그러면 기꺼이 줄 것이다.

하나님도 마찬가지다. 하나님은 구원을 팔지 않으신다. 아무도 구원을 사기 위해 대가를 지불할 만한 능력이 없기 때문이다. 그래서 하나님은 구원을 선물로 거저 주신다. 구원이 우리에게는 거저 주어졌지만 하나님과 예수님은 엄청난 대가를 치러야 했다. 절대 싸구려 은혜가 아니다.

뉴욕에 라구아디아(LaGuardia) 공항이 있다. 라구아디아는 제2차 세계대전과 대공황 때 뉴욕 시장을 지냈던 사람이다. 한 번은 그가 판사 대신에 재판 자리에 앉게 되었다. 법정에는 빵 한 조각을 훔친 죄목으로 어떤 할머니가 법정에 끌려나와 있었다. 사연인즉 딸은 병들어 누워 있고 사위가 그 할머니를 내어 쫓았다. 하지만 손녀들마저 굶주리고 있어 빵 한 조각을 훔치다가 들킨 것이었다. 그러나 가게 주인은 딱한 사정을 알고도 매정하게 그 할머니를 처벌해 줄 것을 요구했다.

라구아디아 시장은 그 할머니에게 10달러를 벌금으로 내든지 아니면 열흘 동안 감옥에 가야 한다고 판결을 내렸다. 재판을 끝낸 라구아디아는 그 자리에서 자기 수표로 10달러를 써서 대신 벌금을 내주었다. 그리고 참석한 모든 사람에게 불우한 할머니를 돕지 않은 책임을 물어 50센트씩 벌금형을 내렸다. 무정한 가게 주인도 50센트를 내야 했다. 그렇게 해서 47달러 50센트를 그 할머니에게 주어서 집으로 보냈다.

예수님께서 십자가에서 하신 일이 바로 이런 일이었다. 우리가 받아야 할 형벌을 대신 받으시고 십자가에 못 박혀 돌아가셨다. 우리가 못 박혀야 했지만 예수님께서 대신 못 박히셨다. 예수님께서 우리 대신 값을 지불하시고 우리를 그 보혈로 구속해주신 것이다. 우리가 한 일은 아무것도 없다. 예수님께서 다 해주셨다. 예수님께서 2,000년 전에 다 지불하셨다.

구원의 선물을 믿음으로 받아들일 때 구원받을 수 있다

하나님은 이미 우리를 용서하시고 우리를 위해 구원을 예비해놓으셨다. 우리가 용서받고 구원받기 위해 할 일은 아무것도 없다. "아멘"으로 하나님께서 주시는 구원의 선물과 용서의 선물을 받아들이면 된다. 구원은 전적인 하나님의 은혜의 선물이기 때문이다.

8. **천국 패스포트**는 믿음을 통해서 의롭다 인정받는 사람에게만 주어진다

여러분은 믿음을 통하여 은혜로 구원을 얻었습니다(엡 2:8).

하나님의 은혜는 구원의 원천(source)이고, 믿음은 구원의 통로(channel)이다. 하나님께서 예수님을 통해서 십자가에서 이루어놓으신 구원을 받아들이는 것, 그것이 믿음이다.

한 어린아이가 물었다.

"구원을 받으려면 무엇을 해야 하나요?"

그러자 목사님이 너무 늦었다고 대답했다.

"예? 너무 늦었다구요? 그럼 난 구원받을 수 없다는 말인가요?"

"그게 아니고, 네가 할 수 있는 일이라곤 아무것도 없단다. 왜냐하면 네가 구원받기 위해 필요한 일을 이미 2,000년 전에 예수님께서 다 해놓으셨기 때문이지."

우리가 구원받기 위해 해야 할 일은 정말 하나도 없다. 단지 믿음으로 그것을 받아들이기만 하면 된다. 하나님께서 은혜의 선물로 주시는 구원을 받기만 하면 된다.

구원은 노력해서 얻을 수 있는 것이 아니다. 천국은 시험 봐서 들어가는 곳이 아니다. 구원의 커트라인이 있는 것이 아니다. 예수님을 구세주로 영접하고 믿기만 하면, 구원을 받는다.

9_ 천국 패스포트는
예수님을 구세주와 주님으로 고백하는
사람에게만 주어진다

천국 시민권자가 되려면, 예수님을 구세주로 고백해야 한다 | 예수님을 구세주로 고백하면서 동시에 주님으로 섬기는 사람에게만 천국 시민권이 주어진다

예수께서 빌립보의 가이사랴 지방에 이르러서, 제자들에게 물으셨다. 사람들이 인자를 누구라고 하느냐?

제자들이 대답하였다. 세례자 요한이라고 하는 사람들도 있고, 엘리야라고 하는 사람들도 있고, 예레미야나 예언자들 가운데에 한 분이라고 하는 사람들도 있습니다.

예수께서 그들에게 물으셨다. 그러면 너희는 나를 누구라고 하느냐?

시몬 베드로가 대답하였다. 선생님은 살아 계신 하나님의 아들 그리스도십니다.

예수께서 그에게 말씀하셨다. 시몬 바요나야, 너는 복이 있다. 너에게 이것을 알려 주신 분은, 사람이 아니라, 하늘에 계신 나의 아버지시다.

나도 너에게 말한다. 너는 베드로다. 나는 이 반석 위에다가 내 교회를 세우겠다. 죽음의 문들이 그것을 이기지 못할 것이다.

내가 너에게 하늘 나라의 열쇠를 주겠다. 네가 무엇이든지 땅에서 매면 하늘에서도 매일 것이요, 땅에서 풀면 하늘에서도 풀릴 것이다.

그 때에 예수께서 제자들에게 엄명하시기를, 자기가 그리스도라는 것을 아무에게도 말하지 말라고 하셨다.

마태복음 16:13-20

빌리 그레이엄 목사님이 어느 작은 마을에 집회를 하려고 갔다가 집으로 편지를 보내기 위해 우체국을 찾았다. 마침 교회 앞을 지나가는 아이가 있어서 길을 물었다. 그 꼬마가 길을 알려주었다. 빌리 그레이엄 목사님이 말했다.

"꼬마야, 고맙다. 오늘 저녁에 내가 이 교회에서 설교하는데, 한 번 와보렴. 그러면 내가 천국 가는 길을 가르쳐주마."

그러자 꼬마가 어처구니 없다는 듯이 쳐다보면서 말했다.

"우체국 가는 길도 모르면서 어떻게 천국 가는 길을 가르쳐준다고 그러세요?"

천국에 들어가려면 천국 시민권자여야 하고 생명록에 이름이 기록되어 있어야 한다. 그러면 어떻게 하면 우리가 천국 시민권자가 될 수 있는가? 어떤 율법학자가 예수님에게 와서 물은 대로, "어떻게 하여야

9. 천국 패스포트는 예수님을 구세주와 주님으로 고백하는 사람에게만 주어진다

영생을 얻으리이까?"

천국 시민권자가 되려면, 예수님을 구세주로 고백해야 한다

　한 청년이 동해안으로 해수욕을 갔다가 물에 빠져 죽을 뻔한 일이 있었다. 다행히도 어떤 사람이 구해주어 목숨을 구할 수 있었다. 5년이 지난 후 이 청년은 법정에 서게 되었다. 뜻밖에도 5년 전에 자신의 생명을 구해준 사람이 판사였다. 너무 반가웠다. 청년은 선처를 기대했지만 판사는 엄격하게 판결을 내렸다. 그래서 실망해서 물었다.
　"판사님, 5년 전에는 저의 생명을 구해주시지 않았습니까? 그런데 왜 지금은 봐주지 않는 겁니까?"
　"그때는 내가 당신의 생명을 구해줄 수 있었지만, 지금은 당신의 재판관이기 때문에 당신을 봐줄 수가 없습니다. 법에 따라 심판할 수밖에 없습니다."
　그렇다. 예수님은 인류의 구세주이시면서 동시에 심판주이시기도 하다. 2,000년 전에 예수님께서는 우리를 구원하기 위해 오셨지만, 다시 오실 때는 구세주가 아니라 심판주로서 오시게 된다.
　그분은 우리를 구원하는 분이신 동시에 세상을 심판하는 분이기도 하다. 우리가 지금 예수님을 영접하면 우리의 죄를 다 용서해주시고 우리를 구원해주시는 구세주가 되시지만, 지금 예수님을 영접하지 않고 믿지 않으면 그분은 최후의 심판 날에 우리의 심판자가 되어 우리 앞에 나타나실 것이다. 예수님을 믿는 우리에게는 구세주가 되시지만 그렇지 않은 사람들에게는 심판주가 되신다.
　하나님께서 아들을 세상에 보내신 것은 세상을 심판하기 위함이 아니라 아들을 통하여 세상을 구원하고자 함이었다.

> 아들을 믿는 사람은 심판을 받지 않는다. 그러나 믿지 않는 사람은 이미 심판을 받았다. 그것은 하나님의 독생자의 이름을 믿지 않았기 때문이다(요 3:18).

> 아들을 믿는 사람에게는 영생이 있다. 아들에게 순종하지 않는 사람은 생명을 얻지 못하고, 도리어 하나님의 진노를 산다(요 3:36).

> 내가 진정으로 진정으로 너희에게 말한다. 내 말을 듣고 또 나를 보내신 분을 믿는 사람은, 영원한 생명을 가지고 있고 심판을 받지 않는다. 그는 죽음에서 생명으로 옮겨갔다(요 5:24).

예수님을 구세주로 고백하는 사람만이 천국 시민권을 얻을 수 있다. 예수님만이 구원할 수 있다고 믿는 사람만이 천국 시민권을 얻을 수 있다. 구원받기 위해 예수님만을 의지하는 사람만이 천국 시민권을 얻을 수가 있다.

> 나는 길이요, 진리요, 생명이다. 나를 거치지 않고서는, 아무도 아버지께로 갈 사람이 없다(요 14:6).

교회 밖에 있는 사람들은, 산 정상에 오르는 길이 여러 개가 있는 것처럼, 기독교도 그 많은 길 중에 하나이지 유일한 길은 아니라고 말한다. 교회 내에서도 종교 다원주의자들이 있다. 현대는 다양한 종교들이 있으므로 기독교가 배타적으로 자신만이 구원에 이르는 유일한 길이

9. 천국 패스포트는 예수님을 구세주와 주님으로 고백하는 사람에게만 주어진다

라고 주장해서는 안 되며 다른 종교도 인정해야 한다고 주장한다. 예수님보다 더 너그러운 사람들같이 보이지만, 성경은 그렇게 말하고 있지 않다. 그들은 바울이 말한 '다른 복음'을 말하는 사람들이다(갈 1:6-8). 바울이 말하는 다른 복음이란 종교 다원주의와 같이 변질되고, 왜곡되고, 이탈된 복음을 말한다.

산 정상에 올라갈 때 어느 길로 갈 것인지는 자유롭게 선택할 수 있고 또 어떤 길을 선택해도 정상에 오를 수 있겠지만, 진리에 이르는 길은 그렇지 않다. 예수님은 자신만이 유일한 길이라고 말씀하신다. 예수님으로 말미암지 않고는 누구도 하나님에게 이를 수 없다고 잘라 말하셨다. 베드로도 이렇게 증거했다.

> 이 예수 밖에는, 다른 아무에게도 구원은 없습니다. 사람들에게 주신 이름 가운데 우리가 의지하여 구원을 얻어야 할 이름은, 하늘 아래에 이 이름 밖에 다른 이름이 없습니다(행 4:12).

천국 시민권을 얻기 위해 인터뷰를 한다고 하자. 그때 분명히 이런 질문을 할 것이다. "예수님만이 구원에 이르는 유일한 길이라고 믿는가?" 이 물음에 "아멘" 해야 천국 시민권이 주어진다. 예수님만이 그리스도이시고 구원자이시고 구세주라고 믿는 사람에게만 천국 시민권이 주어진다.

감리교의 창시자인 존 웨슬리는 모태 신앙이었다. 그의 아버지는 영국 성공회 신부님이었으며 어렸을 때부터 어머니 수산나에게서 철저한 신앙 지도를 받으며 자랐다. 그는 옥스퍼드 대학생 시절에 '홀리 클럽(Holy Club)'을 만들어 매일 서너 시간씩 경건의 시간을 갖고 성경을 공부하고 기도했다. 감옥을 방문하고 성만찬에도 참예했다.

대학을 졸업한 웨슬리는 모교에서의 교수 자리도 사양하고 영혼 구원의 열정에 불타올라 선교사가 되어 미국 조지아 주의 인디언들에게 선교하기 위해 떠났다. 그때 배에서 한 모라비안 교도가 그에게 "당신은 예수가 구세주이심을 믿습니까?"라고 물었다. 선교하기 위해 떠난 목사에게 던져진 어이없는 질문이었다. 하지만 웨슬리의 대답이 시원치 않았다.

"나는 그분이 나의 죄를 위해 돌아가셨기를 바랍니다."

모태 신앙인에 경건 생활에 힘써온 목사가 구원의 확신을 갖지 못했던 것이다. 수십 년간 기도하고 성경을 공부하고 엄격하게 신앙생활을 했지만, 그는 거듭난 기독교인이 아니었던 것이다.

1738년 5월 24일 그는 드디어 회심의 체험을 하게 된다. 그날 일기에서 그는 생전 처음으로 예수가 그의 구세주이심을 확신하게 되었다고 기록했다.

웨슬리의 가장 친한 친구인 조지 휫필드 목사님이 있었다. 그는 16세가 되었을 때부터 일주일에 두 번씩 금식을 했다. 하루에 일곱 번씩 기도를 하고, 일주일에 대략 36시간 기도를 했다. 사순절에 40일 금식기도를 하고는 죽을 뻔한 일도 있었다.

예수님의 비유 가운데 한 바리새인이 기도하면서 "나는 이것도 하고 저것도 했습니다" 하고 자기 자랑을 늘어놓았다. 그 사람은 조지 휫필드에 비하면 아무것도 아니다. 그러던 그가 어느 날 존 웨슬리의 동생인 찰스 웨슬리가 보내 준 책을 읽고는 크게 깨닫게 된다. '내가 다시 태어나지 않으면 나는 지옥에 떨어질 것이 확실하다.' 조지 휫필드는 열심히 신앙생활 하면서도 진정한 회심의 경험이 없었던 것이다. 아직 거듭나지 못했던 것이다.

구원의 확신, 믿음의 확신이 없이도 다른 사람들 보기에 감탄할 만

9. 천국 패스포트는 예수님을 구세주와 주님으로 고백하는 사람에게만 주어진다

하게 열심히 신앙생활을 잘 할 수 있다. 신앙의 연조가 깊다고 해서, 누구나 다 믿음의 확신이나 구원의 확신을 갖는 것은 아니다. 열심히 교회 나오고, 열정을 갖고 신앙생활 한다고 해서 다 믿음의 확신, 구원의 확신이 있는 것은 아니다. 전도 열심히 하고, 기도 열심히 한다고 해서, 다 믿음의 확신, 구원의 확신이 있는 것이 아니다.

자신에게 진지하게 물어보아야 할 것이다. 정말 나는 구원의 확신을 갖고 있는가? 나에게 진정 회심의 체험이 있는가?

로마에 가면 수많은 베드로 상(像)과 베드로 그림을 볼 수 있다. 로마의 베드로가 한결같이 손에 쥐고 있는 것이 있다. 열쇠다. 천국 열쇠다. 그런데 특이한 것은 베드로가 천국 열쇠를 하나가 아니라 꼭 두 개씩 가지고 있다고 하는 것이다. 왜 하나가 아니고 두 개일까?(헬라어 성경에 열쇠가 복수형으로 되어 있긴 하다.) 천국 열쇠를 잃어버렸다가는 큰 일 나니까 여벌로 하나를 더 만들어주신 것이 아닐까 라고 하는 생각도 해 본다. 물론 카톨릭에서는 다른 의미를 부여하고 있다.

가톨릭에서는 베드로의 후계자인 교황이 천국 열쇠를 갖고 있다고 가르친다. 그래서 교황이 천국 문을 닫았다 열었다 한다는 것이다. 따라서 교황의 가르침을 잘 따라야지 그렇지 않으면 천국에 들어가기가 어렵다고 말한다.

그러나 천국 열쇠는 베드로나 교황에게만 주신 것이 아니다. 예수님께서 "너희는 나를 누구라 하느냐"라고 물으셨을 때, 베드로가 "주는 그리스도시요 살아 계신 하나님의 아들이십니다"라고 대답했다. 그러자 예수님께서 매우 기뻐하시면서 베드로에게 천국 열쇠를 주셨다.

베드로처럼 주님을 그리스도로, 하나님의 아들로 고백하는 모든 사람들에게 이 천국 열쇠를 주신다. 베드로나 교황이 천국 열쇠를 독점하는 것이 아니다. 예수님을 하나님의 아들로 고백하는 사람, 예수님을 그리스도로, 구세주로 고백하는 사람에게 천국 시민권이 주어지고, 천국 시민권과 더불어 천국 열쇠를 주신다.

예수님을 구세주로 고백하면서 동시에 주님으로 섬기는 사람에게만 천국 시민권이 주어진다

> 당신이 만일 예수는 주님이라고 입으로 고백하고, 하나님께서 그를 죽은 사람들 가운데서 살리신 것을 마음으로 믿으면 구원을 얻을 것입니다(롬 10:9).

> 여러분의 마음속에 그리스도를 주님으로 모시고 거룩하게 대하십시오(벧전 3:15).

> 그리하여 하늘과 땅 위와 땅 아래 있는 모든 것들이 예수의 이름 앞에 무릎을 꿇고, 모두가 예수 그리스도는 주님이시라고 고백하여, 하나님 아버지께 영광을 돌리게 하셨습니다(빌 2:10-11).

'주님(Lord)'이라는 칭호는 헬라어로 '큐리오스(kurios)'이다. 이 칭호는 하인이나 종이 주인을 부를 때 사용했다. 또한 로마 시대에 절대적인 권한을 가지고 있던 황제를 부를 때도 이 칭호를 사용했다.

우리는 이 칭호를 예수님에게 붙인다. 예수님을 주님이라고 부르는 것은 '예수님은 하늘과 땅의 모든 권한을 가지신 분이시고 우리의 주인'이시라는 고백이다.

바울은 자신을 '예수 그리스도의 종'이라고 표현했다(롬 1:1; 빌

1:1). 여기에서 종으로 번역된 헬라어 둘로스(doulos)는 종보다는 노예라는 의미가 더 강하다.

야고보서는 이렇게 시작하고 있다.

> 하나님과 주 예수 그리스도의 종인 야고보가 세계에 흩어져 사는 열두 지파에게 문안을 드립니다(약 1:1).

여기서 야고보는 예수님의 제자 가운데 한 사람인 야고보가 아니라 예수님의 친동생 야고보이다. 우리 같았으면 "예수의 친동생인 나 야고보는"이라고 소개할 것이다.

그러나 야고보는 그러지 않았다. 예수님이 형이라고 해서 우쭐하지 않았다. 예수님이 자기 형인데도 형이라고 부르지 않고 주님이라고 부르고 있다. 예수님의 동생인데도 자신을 예수님의 종(노예)으로 여겼다.

'예수 그리스도' 라는 말은 예수님은 우리의 주님이시고 우리의 구세주라는 뜻이다. 예수님을 구세주로 믿고 고백하는 것은 그리 어려운 일이 아니다. 그러나 예수님을 주님으로 고백하는 일은 쉽지 않다. 생각해보라. 당신의 인생의 주인으로 그분을 받아들일 수 있는가? 당신의 마음의 보좌를 예수님에게 내어드릴 수 있는가? 당신의 안방을 그분에게 내어드리고 당신은 건넌방으로 옮겨갈 수 있는가? 손님처럼 섬기던 그분을 주인처럼 섬길 수 있는가?

그분이 요구하실 때 언제나 순종할 수 있는가? 당신이 원하는 것과는 다른 방향으로 예수님께서 당신을 인도하실 때도 따라가겠는가? 죄인 것 같기도 하고 아닌 것 같기도 한 세상의 쾌락들을 즐기면서 살아왔지만 그분은 더 이상 그런 생활을 용인하지 않을 것이다. 그래도 좋은가?

예수님을 주님으로 모셔들이면 당신은 모든 권리를 포기해야 한다. 그렇게 할 수 있는가?

지금까지는 하나님께 일부만 드려도 되었지만, 그분을 주님으로 모셔들이면, 당신의 전부를 그분에게 드려야 한다. 그럴 수 있는가?

예수님을 주님으로 받아들이는 것은 쉬운 일이 아니다. 그래서 예수님을 그리스도로, 구세주로, 메시아로 고백하면서 동시에 그분을 주님으로 섬기는 사람들은 그렇게 많지 않다. 그러나 예수님을 나를 구원하시는 분으로만 받아들이고 나의 주인으로 받아들이지 않는 것은 있을 수 없는 일이다.

예수 믿고 구원받기를 원하는 사람은 많아도 예수님을 주님으로 섬기려고 하는 사람은 많지 않다. 당신이 예수님을 주님(Lord)으로 영접하지 않으면 그분은 당신의 구세주(Saviour)가 되실 수가 없다. 왜냐하면 그분은 당신에게 둘 다이거나 아니면 둘 다 아니거나, 그 둘 중의 하나이기 때문이다.

막 학교에 들어간 아이를 아침마다 학교에 데려다주면서 엄마가 아들에게 성경 말씀을 읽어주었다.

"The Lord is my shepherd!"

그러고는 따라하게 했다.

"The Lord is my chauffeur."

아이는 아직 'shepherd(목자)'라는 말을 잘 모른다. 그래서 발음이 비슷한 'chauffeur(운전 기사)'로 알아들은 것이다. 엄마가 "여호와는 나의 목자시니" 그러면 아들은 "여호와는 나의 운전기사이시니"라고 따라서 했던 것이다.

그렇다. 하나님은 우리의 목자이시다. 그리고 동시에 우리의 운전

9. 천국 패스포트는 예수님을 구세주와 주님으로 고백하는 사람에게만 주어진다

기사이시다. 예수님을 주님으로 받아들이는 순간 당신은 인생의 운전대를 하나님에게 내어드려야 한다. 지금까지는 가고 싶은 대로 운전해서 갔지만 그분을 당신의 인생의 주인으로 모셔들이면 더 이상 그렇게 할 수 없다. 그분이 운전하는 대로 따라가야 한다. 그분이 가라는 대로 가야 한다.

예수님을 주님으로 모셔들이기 전에는 내가 내 인생의 주인이었다. 나는 앉아 있고 예수님께서는 서 계셨다. 내가 예수님보다 훨씬 컸고 내가 예수님보다 항상 앞섰다.

그러나 예수님을 주님으로 영접하면 나는 점점 작아지고 예수님께서 점점 커지게 된다. 예수님께서 먼저이고 내가 나중이 된다. 나는 낮아지고 예수님은 높아지게 된다. 나는 서 있고 예수님께서 앉아 계시게 된다.

예수님을 주님으로 영접하려면 자아를 죽여야 한다. 옛사람을 벗어버리고 새사람을 입어야 한다. 자기를 부인하고 자기 십자가를 지고 예수님을 따라가야 한다.

사막에서 차가 모래에 빠졌을 때 액셀러레이터를 더 세게 밟으면 앞으로 나갈 것 같지만 차는 빠져나오지 못한다. 바퀴가 더 깊이 빠져들어갈 뿐이다. 뒤에서 밀어볼 수도 있지만 그것으로는 해결이 안 된다.

방법은 하나다. 아주 간단하다. 그것은 바퀴에서 바람을 빼는 것이다. 바퀴에서 바람을 빼면 차가 내려앉게 되고 그렇게 한 다음 밀면 모래 구덩이에서 빠져나올 수 있다.

우리가 옴짝달싹할 수 없는 상황에 빠졌을 때 거기서 벗어나기 위해 더 안간힘을 쓸 것이다. 그렇지만 그 구덩이에서 빠져나올 수 없다.

방법은 하나. 우리의 자신만만한 자아에서 바람을 빼는 것이다. 교만해질 대로 교만해진 자아에서 교만의 바람을 빼내고 우리 자신이 낮아지는 것이다. 그럴 때 우리를 가두어두었던 인생의 모래 구덩이에서 빠져 나올 수 있을 것이다(스티브 도나휴,《사막을 건너는 여섯 가지 방법》).

한번은 예수님께서 환상 가운데 토저 목사님에게 송곳을 주시면서 "교만하게 부풀어 오른 네 자아에 구멍을 내라"고 하셨다. 바울은 하나님께서 자기에게 가시를 주셨다고 했다. 당신에게도 바울처럼 가시가 있다면 하나님께서 그 가시로 당신의 자아를 찔러 교만의 바람이 빠져나가도록 주신 것은 아닐까? 우리가 예수님을 주님으로 모셔들이려면 쓸데없이 부풀어 오른 내 자아에서 교만의 바람을 빼버려야 한다. 내 자아를 부인하지 않고는, 예수님을 주님으로 섬길 수 없다.

> 나는 그리스도와 함께 십자가에 못박혔습니다. 이제 살고 있는 것은 내가 아닙니다. 그리스도께서 내 안에서 살고 계십니다. 내가 지금 육신 안에서 살고 있는 삶은, 나를 사랑하셔서 나를 위하여 자기 몸을 내어주신 하나님의 아들을 믿는 믿음 안에서 살아가는 것입니다(갈 2:20).

어느 노인 부부가 교회에 새로 나와서 세례를 받고 열심히 신앙생활을 하기 시작했다. 그런데 이 부부는 글을 읽을 줄 몰랐다. 그 부부가 교회 모임에 참석해 보니 모두 등에 글자가 새겨진 티셔츠를 입고 있었다. 노인 부부는 집에 돌아오자마자 어떤 건물에 쓰여 있는 글을 그대로 본 떠와서 옷에다 새겼다. 그리고 다음 번 모임에 그 옷을 입고 나갔다. 보는 사람마다 노인 부부를 보고 웃었다. 거기에는 이렇게 씌어 있었다.

'Under New Management.'

9. 천국 패스포트는 예수님을 구세주와 주님으로 고백하는 사람에게만 주어진다

아파트 단지 같은 곳에서나 가끔 볼 수 있는 문구로, 주인이 바뀌었다는 뜻이다. 그러나 그 문구는 노인 부부에게 더 없이 적절한 것이었다. 그들은 주인이 새롭게 바뀌었다. 그들은 평생 자기들이 주인 노릇을 하면서 살아왔지만 뒤늦게 예수님을 영접하고 새로운 삶을 살기 시작한 것이다. 글자 그대로 'Under New Management'의 삶을 살기 시작한 것이다. 우리도 예수님을 삶의 주인으로 모셔들이고 새로운 삶을 살 때 천국 시민권이 주어지고 천국 열쇠도 주어질 것이다.

10_ 천국 패스포트는 진정으로 회개한 사람에게만 주어진다(1)

인생의 흉년이나 막다른 골목(dead end)을 만났을 때 회개하고 주님께 돌아와야 한다 | 율법을 통해 죄를 깨닫고 회개해야 한다 | 말씀(설교)을 통해 죄를 깨닫고 회개해야 한다 | 예수님과의 만남을 통해 죄를 깨닫고 회개해야 한다 | 성령의 역사를 통해 죄를 깨닫고 회개해야 한다

그러므로 이스라엘 온 집안은 확실히 알아 두십시오. 하나님께서는, 여러분이 십자가에 못 박은 이 예수를 주와 그리스도가 되게 하셨습니다."
사람들이 이 말을 듣고 마음이 찔려서 "형제 여러분, 우리가 어떻게 하면 좋겠습니까?" 하고, 베드로와 다른 사도들에게 말하였다.
베드로가 대답하였다. "회개하십시오. 그리고 여러분은 각각 예수 그리스도의 이름으로 세례를 받고, 죄의 용서함을 받으십시오. 그러면 성령을 선물로 받을 것입니다.
이 약속은 여러분과 여러분의 자녀와 또 멀리 떨어져 있는 모든 사람들, 곧 주 우리 하나님께서 부르시는 사람 모두에게 주신 것입니다."
베드로는 이 밖에도 많은 말로 증언하고, 잘못된 세대로부터 구원을 받으라고 그들에게 권하였다.
그의 말을 받아들인 사람들은 세례를 받았다. 이렇게 해서, 그 날 신도의 수가 약 삼천 명이나 늘어났다.

사도행전 2:36-41

'김일성' 하면 따라다니는 수식어가 있었다. 바로 괴수다. '김일성 괴수'. 성경에도 괴수라는 말이 나온다. 사도 바울이 괴수로 묘사되어 있다. 유대인들이 바울을 벨릭스에게 고소하면서 이렇게 말했다.

> 이 사람은 염병이라 천하에 퍼진 유대인을 다 소요케 하는 자요 나사렛 이 단의 괴수라(행 24:5, 개역).

바울도 자신을 괴수라고 고백했다.

> 죄인 중에 내가 괴수니라(딤전 1:15).

기독교 2,000년 역사상 바울 만한 인물이 또 어디 있겠는가? 그런데

10. 천국 패스포트는 진정으로 회개한 사람에게만 주어진다(1)

도 자기는 죄인 중의 괴수라고 했다. 예수 믿기 전 자신의 죄를 깨닫고 "나는 죄인 중의 괴수였다"고 했다면 이해가 된다. 그러나 이 말은 복음을 증거하다가 순교하기 직전의 고백이었다. 거의 성자가 되어 있어야 할 사람이 하는 말이 자기는 죄인 중의 괴수라는 것이다.

바울은 처음에는 12 사도들에게 이렇게 말했다.

"너희들만 사도냐? 나도 사도다. 나는 부활하신 예수님께서 직접 임명한 사도다."

그러던 그의 말이 달라졌다.

> 나는 사도들 가운데서 가장 작은 사도입니다. 나는 사도라고 불릴 만한 자격도 없습니다(고전 15:9).

생각이 많이 바뀐 것을 볼 수 있다. 이때가 A. D. 59년쯤이었다. 4년 후에도 바울은 비슷한 고백을 했다.

> 나는 모든 성도들 중에서 가장 보잘것없는 사람입니다(엡 3:8, 공동번역).

1년이 더 지난 뒤에는 더욱 겸손한 표현으로 자신을 낮추었다.

> 죄인 중에 내가 괴수니라(딤전 1:15).

처음에는 '사도'였고 그 다음에는 '성도'였다. 마지막에는 '죄인 중의 괴수'로 자신을 설명했다. 순서가 이렇게 되어야 하는 것이 아닐까?

"나는 죄인 중의 괴수입니다."

"나는 죄인입니다."

"나는 성도가 되었습니다."

"나는 사도라 일컬음 받을 만한 사람이 되었습니다."

바울처럼 신앙이 깊어져가면 갈수록, 하나님을 깊이 알아가면 갈수록, 은혜를 많이 받으면 받을수록, 오래 살면 살수록, 내가 얼마나 큰 죄인인지를 더욱더 깊이 깨닫게 된다.

우리의 처음 고백은 "나는 죄인입니다"이다. 그러다가 얼마 지나고 은혜 받고 신앙생활에 익숙해지면 "나는 성도입니다"로 바뀐다. 나중에는 "아무개 집사입니다. 아무개 장로입니다"라며 자신을 소개한다.

호칭이 달라지면서 힘이 들어간다. 목이 곧아지기 시작한다. 목사가 되고 큰 교회를 맡게 되면 이름 뒤에 따라다니는 화려한 호칭들이 점점 많아지고, 나중에는 예수님처럼 된다.

성자들은 자신의 거룩함을 내세우지 않고 오히려 "나는 죄인입니다. 나는 아무것도 아닙니다"라고 고백한다. 바울 같은 사람도 자신을 죄인 중의 괴수라고 표현했는데, 과연 우리는 어떠한가? 죄의 심각성을 실감하고 있는가? 건성으로 죄를 고백하며 막연하게 죄인인 양 생각하며 살고 있지 않은지 돌아보아야 할 것이다.

문둥병은 무서운 병이다. 손가락이 썩어 떨어져나가고 발가락이 뭉그러져 가는데도, 전혀 통증을 느끼지 못한다. 영적으로 문둥병에 걸린 사람들도 많다. 죄로 인해 영혼이 병들어가고 썩어들어가는데도, 전혀 그것을 감지하지 못한다. 죄에 대해 무감각하다. 죄를 깨닫지 못하는 것이다.

인생의 흉년이나 막다른 골목(Dead End)을 만났을 때 회개하고

10. 천국 패스포트는 진정으로 회개한 사람에게만 주어진다(1)

주님께 돌아와야 한다

탕자가 먼 나라로 가서 허랑방탕하게 살다가 흉년을 만났다. 유대인들이 흉년을 만난 것은 하나님의 벌을 받았다는 의미이다. 성경에 보면, 죄를 지었을 때 하나님께서 형벌로 주시는 가장 대표적인 것이 바로 흉년이었다.

결국 탕자는 먹고 살기 위해 돼지 치는 일을 할 수밖에 없었다. 유대인들은 돼지를 부정한 짐승이라고 해서 절대로 먹지 않는다. 그래서 유대인들은 돼지 치는 사람을 가장 멸시하였다. 돼지 치는 사람을 가장 저주받은 사람이라고 생각하였다.

그리고 탕자는 먹을 것이 없어 돼지나 먹는 쥐엄나무 열매로 배를 채웠다. 그것도 모자라서 실컷 먹지 못했다. 돼지 치는 일을 하고 쥐엄 열매를 먹을 수밖에 없는 상황에 이르자 제정신이 들었다. 그제서야 아버지 집으로 돌아가기로 마음을 고쳐먹었다.

랍비 아카는 "쥐엄 열매를 먹어야 회개한다"고 가르쳤다(레위기 랍바 35:6). 많은 사람들이 탕자처럼 인생의 큰 흉년을 만나고 인생의 돼지우리를 경험하고 난 다음에야, "천부여 의지 없어서 손들고 옵니다" 하면서 하나님에게 돌아온다. 이것이 바로 회개이다.

요나는 하나님의 명령을 거역하고 니느웨로 가지 않고 다시스로 가는 배를 탔다. 그러나 그가 도착한 곳은 다시스가 아니라, 물고기의 캄캄한 뱃속이었다. 하나님의 말씀에 불순종하고 도망을 가다가 인생의 막다른 골목에 이르게 된 것이다. 그를 기다리고 있는 것은 죽음뿐이었다.

물고기 뱃속의 요나는 거기서 살아나오기 위해 격렬하게 발버둥을 쳤을 것이다. 발로 차고 주먹으로 치고 입으로 물어뜯고 머리로 들이박고 야단이 아니었을 것이다. 그래서 요나를 삼킨 물고기가 견디다 못해 그를 토해낸 것인지도 모른다.

물론 요나가 그렇게 해서 살아난 것은 아니었다. 무릎 꿇고 회개하며 한번만 살려 달라고 간절히 부르짖는 기도 소리를 하나님께서 들으시고 그를 구해주신 것이다.

때로는 요나처럼 우리도 하나님 앞에 잘못해서 고기 뱃속에 들어가는 경험을 할 수도 있다. 그래서 'Dead End', 즉 인생의 막다른 골목에 이를 수 있다.

노예선 선장이었던 사람이 있다. 아프리카에서 노예들을 사서 배에 가득 태우고 바다를 건너오던 그는 풍랑을 만났다. 그가 탄 배는 파선하기 일보 직전이었다.

"하나님, 한번만 살려주십시오. 그러면 제가 나쁜 일을 하지 않고 새사람이 되겠습니다."

간절하게 하나님 앞에 기도를 했다. 그는 4주 만에 기적적으로 표류하다가 구조되었다. 그 후로 그는 완전히 새사람이 되었다. 그리고 세계 곳곳을 다니며 복음을 전하는 유명한 전도자가 되었다. 악명 높은 노예선 선장이 전도자로 탈바꿈한 것이다.

그가 바로 찬송가 405장 '나 같은 죄인 살리신'을 지은 존 뉴턴이다.

그는 노예를 팔아 먹고사는 흉악한 죄인이었다. 찬송가 가사 '나 같은 죄인 살리신'은 영어 'a wretch like me'를 번역한 것이다. 'wretch'는 '철면피', '비열한 사람', '비참한 놈'이라는 뜻이다.

'아, 하나님은 나 같은 비열한 인간 철면피를 구원하셨구나.'

하나님은 노예선 선장이었던 철면피를 회개시키기 위해 바다에 광풍을 보내셨던 것이다. C. S. 루이스는 "고난은 하나님의 확성기이다"라고 말했다.

"우리는 평안할 때에 하나님께서 양심의 벽을 울려 말씀하시는 소리를 듣지 못합니다. 그래서 하나님은 우리에게 고난의 환경을 허락하시는 것입니다. 왜냐하면 고난은 우리의 잠든 감각을 일깨우는 하나님의 큰 소리, 즉 확성기와 같기 때문입니다. 고난은 하나님의 확성기입니다."

탕자처럼 인생의 흉년을 만나거나 요나처럼 인생의 막다른 골목에 도달하게 될 때, 회개할 일이 있으면 바로 회개하고 주님께 돌아와야 한다. 하나님께서 고난이라고 하는 확성기에다 대고 회개하고 돌아오라고 말씀하실 때 금방 알아듣고 죄를 깨닫고 회개하고 주님께 돌아와야 한다.

율법을 통해 죄를 깨닫고 회개해야 한다

율법을 통해서 구원받을 수 있는 사람은 아무도 없다. 다시 말해 선행이나 공로나 업적을 통해서 구원받을 수 있는 사람은 아무도 없다. 구원은 오직 믿음으로만 받을 수 있다.

> 여러분은 믿음을 통하여 은혜로 구원을 얻었습니다. 이것은 여러분에게서 난 것이 아니요, 하나님의 선물입니다(엡 2:8).

> 의인은 믿음으로 살 것이다(롬 1:17).

> 내 말을 듣고 또 나를 보내신 분을 믿는 사람은, 영원한 생명을 가지고 있고 심판을 받지 않는다. 그는 죽음에서 생명으로 옮겨갔다(요 5:24).

그렇다면 율법은 무엇인가? 율법이 우리에게 주어진 가장 큰 목적은 죄를 깨닫게 하는 데 있다.

> 율법의 행위로는 하나님 앞에서 의롭다고 인정받을 사람이 아무도 없습니다. 율법으로는 죄를 인식할 뿐입니다(롬 3:20).

율법은 우리가 죄인임을 깨닫게 하고 우리를 그리스도에게로 인도하여 영생을 얻도록 하기 위하여 주어졌다(갈 3:21-24; 롬 3:19). 그리고 우리의 죄를 알게 하고 그 죄의 심각성을 깨닫게 하기 위하여(롬 3:20, 4:15, 7:7-9; 눅 20:47) 주어졌다.

율법에는 하나님의 뜻이 담겨 있다. 하나님께서 우리에게 무엇을 원하는지, 우리가 어떻게 살아가기를 원하시는지 보여주는 것이 율법이다. 율법이 없으면 죄인지 아닌지를 알 길이 없다. 전에는 분명히 죄로 여겨졌으나 지금은 그렇지 않은 것이 얼마나 많은가?

율법이 없으면 동성연애가 죄인지 아닌지 알 길이 없었을 것이다. 율법을 통해 우리는 명확히 하나님의 뜻이 무엇인지를 분별할 수 있게 되었다. 죄가 무엇인지 깨닫게 해주는 것이 율법의 가장 큰 역할이다. 우리는 율법을 통해서 우리가 얼마나 큰 죄인인지를 깨닫게 된다. 그리고 회개하고, 하나님의 자비하심을 구하게 된다. 그래서 죄 사함을 받고, 의롭다 인정을 받고, 구원을 받는 것이다.

이처럼 율법은 중요하다. 마틴 루터는 오직 믿음만으로 구원받는다는 진리를 재발견한 사람이다. 그렇다고 믿음만을 강조하고 율법을 경시한 것은 아니었다. 그는 율법에 대하여 이렇게 말했다.

"복음을 증거하는 사람들은 반드시 먼저 하나님의 율법을 선포해서 죄의 본성을 깨닫게 해야 한다. 율법은 예수 그리스도 안에 있는 영생으로 사람들을 인도할 것이다."

존 웨슬리는 "사랑이나 자비나 은혜를 선포하기 전에 항상 먼저 죄와 율법 그리고 심판에 대하여 설교한다"고 말했다. 그는 친구에게 "율법에 대하여 90%를 설교하고 나머지 10%는 은혜에 대하여 설교하라"고 권고했다. 하지만 율법에 대해 10%, 복음에 대해서는 90%를 설교하고 있는 것이 오늘의 현실이다.

찰스 스펄전은 "사람들은 의롭고 거룩한 율법 앞에서 두려워 떨기 전에는 은혜를 받아들이지 않을 것"이라고 말했다.

존 위클리프는 "우리가 사람들을 위해서 할 수 있는 가장 큰 일은 하나님의 율법을 설교하는 것"이라고 했다.

율법을 통해 우리는 행함으로나 선함으로나 공로로 구원받는것이 불가능하다는 것을 깨닫게 된다. 그리고 구원받기 위해서 주님만을 전적으로 의지하게 된다. 율법은 우리를 그리스도에게로 인도하고 구원받게 한다. 율법은 구원에 있어서 중요한 역할을 한다. 믿음으로 구원받는다고 해서 율법을 무시해서는 안 된다.

아파서 병원에 가면 의사가 먼저 어디가 어떻게 아픈지를 묻고 병의 원인이 무엇인지 찾아낸다. 그런 다음에야 약을 처방해준다. 율법은 의사의 진단과 같다. 율법은 우리의 문제를 보게 해준다. 율법은 우리 인간의 문제를 해결해주지는 못하지만 무엇이 문제인지를 알려준다. 그리고 복음은 약을 처방해서 치료를 해주는 것이라고 할 수 있다.

율법을 통해 죄인임을 깨달은 사람만이 복음을 통해 의롭다 인정받는다. 율법을 통해 정죄받은 사람만이 복음을 통해 용서를 받는다. 율법을 통해 사형선고를 받은 사람만이 복음을 통해 영생을 얻는다. 율법에 의해 자신의 병을 진단 받은 사람만이 복음을 통해 치유받을 수 있다.

지금 우리는 은혜의 시대에 살고 있기 때문에 율법이 필요없다고 말하는 사람들이 있다. 그러나 그렇지 않다. 우리는 율법도 필요하고 복음도 필요하다. 우리는 율법을 통해 죄를 깨닫고 회개하게 된다. 그렇게 함으로 죄사함을 받고 거듭나 천국 시민권자가 될 수 있다.

말씀(설교)을 통해 죄를 깨닫고 회개해야 한다

베드로가 예루살렘에서 외쳤다.
"여러분, 여러분이 얼마나 악한 일을 행했는지 아십니까? 여러분은 하나님의 아들을 십자가에 못박아 죽였습니다. 그러나 여러분이 죽인 예수님을 하나님께서 다시 살리셨습니다. 우리가 다 이 일에 증인입니다."
이 설교를 듣고 사람들이 어떠한 반응을 보였는가?

> 사람들이 이 말을 듣고 마음이 찔려서 형제들이여, 우리가 어떻게 하면 좋겠습니까? 하고 베드로와 다른 사도들에게 말하였다(행 2:37).

그때 베드로는 회개하라고 선포했다.

> 회개하십시오. 그리고 여러분 각 사람은 예수 그리스도의 이름으로 세례를 받고, 죄 용서를 받으십시오. 그리하면 성령을 선물로 받을 것입니다(행 2:38).

회개하라는 말씀을 들을 때 두 가지 반응을 보인다. 세례자 요한의 설교를 듣고 수많은 사람들이 그에게 나와 요단 강에서 죄를 고백하고 세례를 받았다. 그러나 헤롯 안티파스는 그의 목을 쳤다.

베드로가 죄를 지적하며 회개하라고 하는 설교를 했을 때도 3,000명이 가슴을 치며 회개하고 세례받는 놀라운 역사가 일어났다. 며칠 뒤 스데반도 예루살렘에서 똑같은 설교를 했지만 스데반은 돌에 맞아 죽고 말았다. 가슴을 치며 통회하는 일은 일어나지 않았다.

베드로는 성령이 충만하고 스데반은 그렇지 않아서 그랬는가? 베드로는 듣기 좋은 설교를 하고 스데반은 듣기 싫어하는 설교를 해서 그랬는가? 베드로는 설교를 잘 해서 그랬고, 스데반은 설교를 못해서 그랬는가? 아니다. 둘 다 성령 충만하고, 둘 다 같은 설교를 했다. 그런데 한 부류의 사람들은 설교를 듣고 찔림을 받고 회개했는데, 또 다른 부류의 사람들은 찔리는 소리를 하니까 듣기 싫다고 달려들어 돌로 쳐 죽였다.

살아 있는 하나님의 말씀은 운동력이 있어 우리의 심령 골수를 쪼갠다고 했다. 영적인 수술을 하는 것이다. 고통스러울 수밖에 없다. 그러나 말씀으로 영적인 수술을 하지 않고 일회용 반창고나 아스피린으로 대충 넘어가면 당장은 아프지 않을지 몰라도 영혼은 치유받을 수 없다.

성경이 말하고 있듯 언제까지나 어린아이처럼 부드러운 음식만 먹고 있을 수는 없다. 딱딱한 음식도 잘 씹어서 먹을 수 있어야 한다. 그래야 그것이 피가 되고 살이 되어 건강할 수 있다.

갈라디아 교인들 가운데 바울이 한 말 때문에 바울에 대해 반감을 갖고 있었던 사람들이 있었다.

> 내가 여러분에게 진실을 말하기 때문에 여러분의 원수가 되었습니까?(갈 4:16)

유대 랍비들 격언 가운데 이런 말이 있다.

"회당에서 쫓겨나지 않으려면 진리를 말하지 말라."

교인들 심기를 건드리는 설교, 이른바 치는 설교를 하지 말라는 것이다. 죄나 회개, 지옥, 심판, 십일조 같은 설교 대신 'I am OK. You are OK' 같은 심리학적 설교, 듣기 좋은 솜사탕 설교를 하라는 것이다.

"당신은 할 수 있습니다. 하면 됩니다. 긍정적인 자아상을 가지십시오. 긍정적인 생각을 하십시오 긍정적인 말을 하십시오. 당신의 말이 당신의 운명을 결정합니다." 그러다 보니 오늘날 강단이 변질되어가고 있는 것 아닌가?

1857년, 스펄전 목사님이 새 성전을 거의 다 완성해 가고 있었다. 그 당시만 해도 마이크가 없었기 때문에 육성으로 설교를 해야 했다. 그래서 스펄전 목사님은 예배당의 공명 시설을 확인해보기 위해 큰소리로 외쳤다. "세상 죄를 지고 가는 하나님의 어린 양을 보라." 그는 몇 번이고 반복해서 우렁찬 목소리로 외쳤다. "세상 죄를 지고 가는 하나님의 어린 양을 보라." 마침 그 때 위층에서 일을 하고 있던 인부의 귀에 그 소리가 들렸다. 마치 하늘에서 들려오는 소리처럼 들렸다. 주변을 돌아보았으나 아무도 보이지 않았다.

그런데 그날 하루 종일 이상하게 "세상 죄를 지고 가는 어린양을 보라"는 말이 귓가에 맴돌았다. 집에 돌아가서도 그 소리가 귓가에서 사라지지 않았다. 그날 밤 그 사람은 회개를 하고 새사람이 되었다고 한다. 그 사람은 신앙의 길에서 오랫동안 떠나 있었는데, 시험 삼아 외친 한 마디 말씀이 그 사람을 회개시킨 것이다.

예수님과의 만남을 통해 죄를 깨닫고 회개해야 한다

10. **천국 패스포트**는 진정으로 회개한 사람에게만 주어진다(1)

오래 전에 상영되었던 영화다. 한 여배우가 백만장자와 결혼하기 위해 프랑스에서 비행기를 타고 미국으로 가고 있었다. 하지만 엔진에 불이 붙었고 비행기는 곧 추락하려고 했다. 모두가 다 최후의 순간을 맞이하였다.

이 영화에서 추락 직전 비행기에서 죽음을 준비하는 사람들의 모습이 클로즈업 됐다. 어떤 사람은 묵주를 돌리면서 기도를 하고 있었고, 어떤 사람은 의자에 엎드려 주기도문을 계속 외우고 있었다. 아수라장이 된 비행기 안의 여러 사람들의 모습을 비쳐주다가 미모의 여배우의 모습이 화면에 가득 잡혔다. 그 여배우는 핸드백에서 손거울을 꺼냈다. 그리고 자기의 얼굴을 유심히 들여다보았다. 여배우는 비행기가 추락하고 있는 생의 마지막 순간에 거울을 들여다 보았던 것이다.

그녀는 손수건으로 진하게 화장한 얼굴을 닦아냈다. 그리고 속눈썹을 떼어냈다. 입에서 의치도 빼내고, 머리에 썼던 가발도 벗었다. 그러자 그 아름답던 얼굴은 어디론가 사라져버리고 흉한 모습만 남게 됐다. 그녀는 평생 자기의 모습을 감추고 살았던 것이다. 그러나 죽음 앞에서 그녀는 자신의 거짓된 모든 모습을 다 버리고 자기 자신에게로 돌아온 것이다. 그녀는 죽음 앞에서 마지막으로 자신의 진실된 모습을 바라보고 싶었던 것이다.

거울을 들여다보면서, 그 안에 비쳐진 나를 바라보면서, '너는 누구냐' 고 물어본 적이 있는가? 우리의 내적인 자아, 진정한 나 자신의 모습을 보여주는 거울이 있다. 바로 예수님이라고 하는 거울이다. 그 앞에 서면 나의 모습이 사정없이 폭로되고 만다. 나의 숨겨진 'X 파일'이 다 공개되어 버린다.

이른 새벽, 막 동이 터오르고 있었다. 밤새도록 갈릴리 호수에서 고기를 낚던 베드로가, 한 마리의 고기도 거두어 올리지 못한 채 실의에 빠져 빈 그물을 정리하며 집에 돌아갈 준비를 하고 있었다. 그때 저쪽에서 예수님께서 베드로에게 다가오시더니, 배를 빌려달라고 하셨다.

베드로는 예수님에게 배를 내어드렸다. 예수님은 그의 배에 올라타시고 가르치셨다. 말씀을 다 마치시고는 베드로에게 깊은 데로 가서 그물을 던져보라고 하셨다. 베드로는 예수님 말씀대로 했다. 그랬더니 어떤 일이 일어났는가? 그물이 찢어질 정도로 고기가 많이 잡혔다.

그 순간 그러나 베드로는 심각해졌다. 갑자기 예수님 앞에 무릎을 꿇더니 "주님, 나에게서 떠나 주십시오. 나는 죄인입니다"(눅 5:8)라고 고백했다.

예수님과의 만남을 통해서 비로소 자신의 진실된 모습을 발견했던 것이다. 예수님이라고 하는 거울에 비친 자신의 모습을 보는 순간 무릎을 꿇고 "나는 죄인입니다"라고 고백할 수밖에 없었던 것이다.

하나님 앞에서만 우리는 우리 자신의 모습을 비로소 발견하게 된다. 하나님 앞에 서지 아니하고는 자신이 얼마나 심각한 죄인인지 깨달을 수가 없다. 예수님이라고 하는 거울을 통해 죄인된 자신의 모습을 발견하고 회개할 때 우리는 주님의 보혈을 통해 죄사함을 받고 천국 시민권자가 될 수 있다.

성령의 역사를 통해 죄를 깨닫고 회개해야 한다

회개하려고 해도 죄가 생각나지 않는다면 어떻게 회개할 수 있겠는가? 내가 얼마나 큰 죄인인지를 모르는데 어떻게 회개할 수 있겠는가? 회개는 아무나 하는 것이 아니다. 성령께서 역사하셔야 죄를 회개하게 하는 역사가 나타난다.

> 그가 오시면, 죄와 의와 심판에 대하여 세상의 잘못을 깨우치실 것이다(요 16:8).

성령이 임하시면 죄를 깨닫고 가슴을 치며 회개하는 역사가 일어나게 된다. 우리 교회 성도에게서 기도하는 가운데 30년 전에 지은 죄까지 생각이 났다고 하는 이야기를 들었다. 자신은 까마득하게 잊고 있었지만 회개 기도를 하는 가운데 그 장면이 선명하게 떠올랐다고 한다. 회개의 영이 임하지 않으면 회개하고 싶어도 회개를 하지 못한다. 죄가 생각나지 않기 때문이다. 죄가 실감나지 않기 때문이다.

길선주 목사님이 장로였을 때, 평양 장대현교회에서 부흥집회를 열게 되었다. 어떤 사람은 회개하라는 설교를 듣고는 너무 두려워 예배당 밖으로 뛰쳐나가기까지 했다. 그러나 곧 돌아와서는 "오, 하나님 어떻게 하면 좋겠습니까?"하고 울부짖었다. 수많은 사람들이 통곡을 하면서 죄를 고백하고 회개를 하고 간증을 했다.

아내를 구박한 일, 첩을 둔 일, 남을 속여 폭리를 취한 일, 도둑질한 일, 달걀 값을 속여 선교사 돈을 갈취한 일 뿐만 아니라 간음, 강간 심지어는 살인죄까지 고백하였다. 심지어는 그 자리에 몰래 들어와 있던 형사들까지 회개하는 역사가 일어났다고 한다.

이렇게 시작된 회개 운동은 평양에서 시작해서 한반도 전역으로 퍼져나갔다. 한국 교회의 부흥은 회개 운동에서 시작되었다. 진정한 부흥은 회개의 역사가 일어날 때 일어난다. 회개가 없는 부흥은 부흥이 아니다. 교회가 부흥하려면 다시 회개 운동이 불일 듯 일어나야 한다. "우리가 어찌할꼬?" 하며 가슴을 치며 통곡하며 회개하는 역사가 일어나야 한다.

성령은 우리의 모든 죄를 생각나게 하시고 회개하게 하신다. 성령이 임하셔서 죄를 자복하고 회개하는 역사가 일어나야 한다. 그래야 주님의 보혈을 통해 죄사함을 받고 천국 시민권자가 될 수 있다.

10. 천국 패스포트는 진정으로 회개한 사람에게만 주어진다(1)

11_ 천국 패스포트는 진정으로 회개한 사람에게만 주어진다(2)

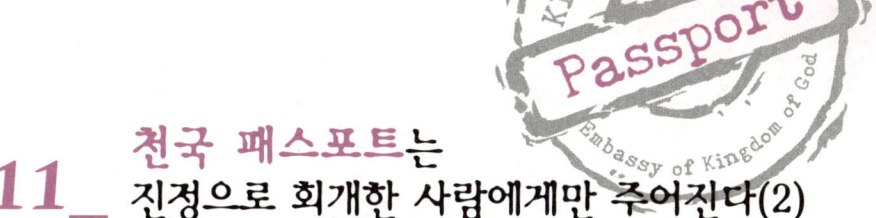

회개는 유턴하는 것이다 | 회개는 집으로 돌아오는 것이다 | 회개할 때 우리의 죄를 눈보다 더 희게 씻어주신다 | 회개할 때 하나님은 우리의 죄를 우리에게서 아주 멀리멀리 옮기신다 | 회개할 때 하나님은 우리의 죄를 아주 깊은 곳으로 던져버리신다 | 우리가 죄를 졌어도 회개하면 하나님은 그것을 까마득히 잊어버리신다

예수께서 말씀하셨다. 어떤 사람에게 아들이 둘 있는데 작은 아들이 아버지에게 말하기를
'아버지, 재산 가운데서 내게 돌아올 몫을 내게 주십시오' 하였다. 그래서 아버지는 살림을 두 아들에게 나누어 주었다.
며칠 뒤에 작은 아들은 제 것을 다 챙겨서 먼 지방으로 가서, 거기서 방탕하게 살면서, 그 재산을 낭비하였다.
그가 모든 것을 탕진했을 때에, 그 지방에 크게 흉년이 들어서, 그는 아주 궁핍하게 되었다.
그래서 그는 그 지방의 주민 가운데 한 사람을 찾아가서, 몸을 의탁하였다. 그 사람은 그를 들로 보내서 돼지를 치게 하였다.
그는 돼지가 먹는 쥐엄 열매라도 좀 먹고 배를 채우고 싶은 심정이었으나, 그에게 먹을 것을 주는 사람이 없었다.
그제서야 그는 제정신이 들어서, 이렇게 말하였다. '내 아버지의 그 많은 품꾼들에게는 먹을 것이 남아도는데, 나는 여기서 굶어 죽는구나. 내가 일어나 아버지에게 돌아가서, 이렇게 말씀드려야 하겠다. 아버지, 내가 하늘과 아버지 앞에 죄를 지었습니다.
나는 더 이상 아버지의 아들이라고 불릴 자격이 없으니, 나를 품꾼의 하나로 삼아 주십시오.'
그는 일어나서, 아버지에게로 갔다. 그가 아직도 먼 거리에 있는데, 그의 아버지가 그를 보고 측은히 여겨서, 달려가 그의 목을 껴안고, 입을 맞추었다.
아들이 아버지에게 말하였다. '아버지, 내가 하늘과 아버지 앞에 죄를 지었습니다. 이제부터 나는 아버지의 아들이라고 불릴 자격이 없습니다.'
그러나 아버지는 종들에게 말하였다. '어서, 가장 좋은 옷을 꺼내서, 그에게 입히고, 손에 반지를 끼우고, 발에 신을 신겨라.
그리고 살진 송아지를 끌어내다가 잡아라. 우리가 먹고 즐기자.
나의 이 아들은 죽었다가 살아났고, 내가 잃었다가 되찾았다.' 그래서 그들은 잔치를 벌였다.

누가복음 15:11-24

회개는 유턴하는 것이다

　2006년 12월, 샌프란시스코에 살고 있던 제임스 김은 가족과 함께 추수 감사절 휴가를 맞아 시애틀에 있는 친척 집을 방문한 뒤 하이웨이 5번 도로를 타고 내려왔다. 그의 가족은 휴가를 즐기기 위해 태평양 연안에 있는 한 해변으로 향하고 있었다. 하이웨이 5번 도로에서 내려오다가 42번 도로로 진입하면 쉽게 목적지에 닿을 수 있었다. 그런데 잘못해서 42번 인터체인지를 5-6마일 지나쳤다. 잠시 돌아갈까 말까 망설이다가 그냥 계속 내려가기로 했다. 지도에 1시간 정도 더 내려가면 지름길이 있었기 때문이다.
　지름길은 험한 산길이었다. 그런데 갑자기 눈이 내리기 시작해 그들은 고립되었다. 휴대폰이 터지지 않아 구조를 요청할 수도 없었다. 온도는 영하로 떨어졌고, 자동차 가스도 다 떨어져 히터도 틀 수 없었다. 타이어 고무로 불을 피웠다. 먹을 것도 다 떨어졌다. 산에서 야생 열

11. 천국 패스포트는 진정으로 회개한 사람에게만 주어진다(2)

매를 먹으면서 연명을 했다. 아이에게 젖을 먹여가면서, 그렇게 8일을 지내야 했다. 하루하루가 사느냐 죽느냐의 갈림길이었다.

그러나 구조의 손길은 뻗치지 않았다. 언제 죽을지 모르는 상황 속에서 제임스 김은 할 수 있는 것이 아무것도 없었다. 그는 마지막 결단을 내렸다. 구조를 요청하기 위해 아내와 두 딸을 두고 길을 나섰다. 가족을 살리기 위해 눈보라를 헤치고, 눈 속에 빠져가며, 경사가 40-50도 되는 가파른 산들을 오르내리면서 10마일 이상을 인가를 찾아 헤맸다. 1주일 이상 먹지도 못하고, 아무 장비도 갖추지 않은 사람이, 그 추운 겨울에 가벼운 옷 하나 걸치고 손전등 하나 들고 필사적으로 노력하다가 눈 위에 쓰러져 죽고 말았다. 다행히 가족은 직장 동료들의 신고로 무사히 구조되었다.

이 비극에는 여러 불행한 일들이 겹쳐 있었다. 먼저, 그들은 잘못된 지도를 갖고 있었다. 그들이 탄 도로는 겨울에는 폐쇄되는 도로였다. 하지만 그들이 갖고 있는 지도에는 그런 표시가 되어 있지 않았다. 바른 지도를 갖고 있었다면 그 길을 가지 않았을 것이다.

또 그들은 지도를 잘못 읽었다. 그들이 탄 길은 지름길이었다. 지도를 보면 왜 그 길을 탔는지 이해가 된다. 하이웨이를 탔다면 상당히 돌아가야만 했다. 그러나 그들이 간 길은 거리상으로는 가까웠지만 시간적으로는 더 걸릴 수도 있는 산길이었다. 겨울철에 첩첩 산중으로 난 길을 간다는 것이 얼마나 위험한 일인가? 그런데 지도만 보고, 거리만 보고, 그 길을 간 것이다. 상황 판단을 잘못한 것이다.

더 안타까운 일은, 구조 요청을 하려고 길을 나선 제임스 김이 반대 방향으로만 갔어도 죽지 않았을 것이라는 사실이다. 그는 서쪽으로 갔다. 그러나 동쪽으로 1마일 남짓 떨어진 곳에 인가(별장)가 있었다. 그리고 제임스 김도 인가를 찾으려면 동쪽으로 가야 한다고 하는 사실을 지도를 보고 알고 있었을 것이다. 그러나 그는 반대방향으로 갔다. 아마 깊은 산중에서 방향감각을 잃었던 것으로 보인다.

그러나 무엇보다 가장 안타까운 사실은, 만일 그들이 가려고 했던 42번 도로를 지나온 것을 알았을 때 바로 유턴했더라면 이런 비극이 일어나지 않았을 것이라는 것이다.

성경에도 유턴하지 않아서 불행한 일을 당한 사람들의 이야기가 많이 나온다. 초대 교회 당시에는 기독교를 '도(the way)'라고 불렀다. 예수님은 스스로를 '길(the way)'이라고 하셨다(요 14:6). 예수님은 어느 길로 가야 하는지를 가르쳐주는 길 안내자가 아니다. 그분 스스로가 바로 길이시다.

이 세상에 길 안내자는 많다. 어느 길로 가야 하는지를 가르쳐준 종교의 창시자들과 현인들이 많다. 그러나 예수님은 그 많은 길 중에 하나의 길이 아니라 유일한 길(the way)이시다.

우리는 길 잃어버린 양처럼 "각기 제 길로(his own way)" 행하였다(사 53:6). 그런데 길 되신 예수님께서 오셔서 길을 잃어버리고 각기 제 길로 가던 우리를 생명의 길, 구원의 길, 의의 길, 영생의 길로 인도하신 것이다. 하지만 예수님을 따르지 않고 다른 길로 가는 사람들이 얼마나 많은가?

'Wrong Way'라고 쓰여진 도로 표지판이 있다. 잘못된 길이니 들어가지 말라고 하는 것이다. 또 'Dead End'라고 표시된 표지판도 있다. 그걸 무시하고 들어가다 보면 돌아나와야 한다.

성경에도 'Wrong Way'로 들어섰다가 'Dead End'를 만나 유턴해서 되돌아 나온 사람들이 많이 나온다. 요나가 바로 그런 사람이었다. 하나님께서 니느웨로 가라고 하셨지만, 그는 다시스로 갔다. 동쪽이 아닌 서쪽을 택했다. 그 결과 그가 탄 배가 큰 풍랑을 만나게 되었고, 그는 바다 한가운데 던져졌다.

그리고 고기 뱃속에 들어가 음부의 고통을 경험한 다음에야 제정신을 차리고 다시 방향을 바꾸어 니느웨로 갔다. "각기 제길로" 가다가 제 정신을 차리고 그 길에서 돌이켜 하나님께서 인도하시는 길로 갔던 것이다. 잘못된 길로 가다가 유턴을 한 것이다. 유턴이 바로 회개이다.

신약에서 요나와 가장 비슷한 사람은 예수님의 비유에 나오는 탕자이다. 탕자는 아버지에게 유산을 미리 물려달라고 요청했다. 아버지가 살아 있는데 유산을 거론하는 것은 당시 유대인들에게 있을 수 없는 일이었다.

"아버지, 왜 아버지는 죽지도 않는 겁니까? 빨리 죽어야 내가 내 유산을 챙길 것 아닙니까?" 그런 뜻이었다. 그러나 자식 이기는 부모 없다고 결국 아버지는 그에게 유산을 물려주고 말았다. 그는 아버지 집을 떠나 아주 먼 나라로 갔다. 'Wrong Way'로 갔던 것이다. 결국 그가 도달한 곳은 돼지우리라는 'Dead End'였다.

그곳에서 그는 정신을 차렸다. 성경에는 "이에 스스로 돌이켜"(눅 15:17)라고 했는데, 영어 성경에서는 'He came to himself'라고 표현하고 있다. 제 정신을 차리게 되었다는 것이다.

제 정신이 돌아온 탕자는 방향을 바꾸어 아버지 집으로 향했다. 아버지 집을 떠나 먼 나라로 갔던 탕자는 먼 나라에서 다시 아버지 집으로 돌아갔다. 말하자면 유턴을 한 것이다. 이렇게 잘못된 길로 가다가 방향을 바꾸어 바른 길로 돌아서는 것을 우리는 '회개'라고 한다.

하나님께서 왜 탕자에게 돼지우리를 경험하게 했을까? 유턴을 하게 하기 위해서이다. 'Wrong Way'에서 바른 길로, 제 길로 돌아서게 하기 위해서, 방향을 바꾸게 하기 위해서, 그렇게 하신 것이다. 잘못된 길로 갈 때 우리는 속히 그 길에서 유턴해야 한다. 그렇지 않으면 'Dead

End'에 이르게 된다. 요나처럼 물고기 뱃속을 경험하고, 탕자처럼 인생의 흉년을 만나게 된다. 유턴은 빠르면 빠를수록 좋다. 그래야 더 큰 풍랑을 만나지 않고 더 큰 흉년을 만나지 않는다.

성경은 끊임없이 우리에게 "돌아오라"고 말씀하고 있다. 지금 당신은 어떤 길을 가고 있는가? 탕자처럼 혹시 하나님에게서 멀리 떠나 있지는 않은가? 요나처럼 하나님을 피해 도망가고 있지는 않은가? 혹시 하나님께서 계속 당신에게 유턴 사인을 보내고 계신다면 절대로 그 길로 가면 안 된다. 방향을 바꾸어 유턴해야 한다. 인생의 무서운 풍랑이나 흉년을 만나기 전에 유턴해야 한다.

니느웨 백성들이 어떻게 회개를 했는가? "그들의 행한 것 곧 그 악한 길에서 돌이켜"(욘 3:10) 떠났다. 회개를 했으면 잘못된 길에서 뒤돌아서야 한다. 방향을 바꾸어야 한다. 유턴해야 한다. 바로 그것이 회개이다.

진정한 회개는 방향을 바꾸는 것이다. 우리가 잘못된 길로 갈 때 하나님은 우리에게 여러 방법으로 빨간 신호등을 켜주신다. 그때 우리는 머뭇거리지 말고 즉시 유턴해야 한다. 계속 가면 'dead end'가 나온다. 돌이킬 수 없는 상황에 이르게 된다. 그곳에 이르기 전에 유턴을 해야 한다. 다시 돌아와야 한다. 회개해야 한다.

대전에서 서울로 가려고 기차를 탔다. 그런데 가다 보니까 김제가 나오고 추풍령이 나오는 것이 아닌가? 열차를 잘못 탄 것이다. 빨리 내려서 기차를 바꿔 타야 한다. 자리를 바꿔서 서울 쪽을 바라보고 앉았다고 해서 서울로 가는 것이 아니다. 서울로 가려면 먼저 기차에서 내려야 한다. 그리고 서울 가는 기차로 갈아타야 한다. 천국 가려면 천국행 열차를 타야 한다. 방향만 바꿔서는 안 된다. 마음으로만, 생각으로만 회개해서는 안 된다. 회(悔)만 있으면 안 된다. 개(改)도 있어야 한다.

11. 천국 패스포트는 진정으로 회개한 사람에게만 주어진다(2)

사람이 달라지고 삶이 변화되어야 한다. 유턴을 해야 한다. 그것이 진정한 회개이다.

> 악한 자는 그 길을 버리고, 불의한 자는 그 생각을 버리고, 주님께 돌아오너라. 주님께서 그에게 긍휼을 베푸실 것이다. 우리의 하나님께로 돌아오너라. 주님께서 너그럽게 용서하여 주실 것이다(사 55:7).

악한 사람이 그 길을 버리고 하나님께로 돌아오는 것이 회개이다. 불의한 자가 그 생각을 버리고 하나님께로 돌아오는 것이 회개이다. 옛사람을 벗어버려야 한다. 그것이 바로 진정한 회개이다. 회개는 입으로 하는 것이 아니다. 뉘우치는 것만이 아니다. 삶의 방향을 바꾸는 것이다. 궤도를 수정하는 것이다.

히브리어에는 회개라는 말이 없다. 다시 말해 구약에는 회개하라는 말이 없다. 회개라는 말은 추상적인 단어이다. 그런데 히브리인들은 구체적인 단어를 사용하기 좋아했다. 그래서 회개라는 모호한 단어 대신에 누구나 들으면 알 수 있는 분명한 단어를 회개라는 말 대신에 사용했다. 그것이 바로 '돌아오라(shuv)' 였다.

성경에서 회개는 하나님에게 돌아오는 것을 말한다. 모든 문제는 하나님에게서 떠났을 때 생긴다. 하나님에게서 떠났을 때 죄를 짓게 된다. 탕자처럼 지금 멀리 떠나 있는가? 빨리 다시 돌아오라. 그것이 바로 회개이다.

회개는 집으로 돌아오는 것이다

탕자의 비유만큼 구원을 더 생생하게 묘사해주는 것도 없다. 탕자는 아버지와의 관계를 끊어버리고 먼 나라로 떠나 허랑방탕하게 살았다. 이것이 바로 죄다. 죄는 하나님과의 관계가 끊어진 상태를 말한다.

탕자가 아버지 집을 떠나 먼 나라로 가서 허랑방탕하게 살다가 흉년을 만났다. 이것이 하나님을 떠난 인간의 상태다. 하나님을 떠나 '먼 나라'로 가면 인생의 흉년을 만날 수밖에 없다.

인생의 흉년을 만날 때 우리는 탕자처럼 제 정신을 차리게 된다. 탕자는 잘못을 깨닫고 집으로 돌아갔다. 떠났던 집으로 돌아가는 것, 아버지 집으로 돌아오는 것, 이것이 바로 회개다.

집으로 돌아온 탕자를 보고 아버지는 어떻게 했는가? "어서 와라, 내 아들아." 얼싸안고 새 옷을 입혀주고 새 신을 신겨주고 반지를 끼워주고 잔치를 벌여주었다. "Welcome Home!" 이것이 바로 용서다!! 우리가 잘못하고 돌아올 때마다 하나님은 고개를 끄떡이시며 우리를 맞아주신다. 하나님은 우리가 아버지와 관계를 끊어버리고, 먼 나라로 가서 허랑방탕하게 살더라도 우리를 포기하지 않으신다. 항상 문을 열어놓고 기다리고 계신다. 우리가 잘못을 깨닫고 회개하고 돌아오기만 하면 우리를 용서하시고 우리를 받아주신다.

탕자가 회개하고 돌아왔을 때 아버지는 그를 아들로 받아주었다. 아버지와 아들의 관계가 다시 회복되었다. 이렇게 원래의 상태대로 회복되는 것, 하나님께서 우리 아버지가 되시고, 우리가 하나님의 자녀가 되는 것, 이것이 바로 구원이다!

탕자와 같은 우리가 회개하고 돌아올 때 하나님은 우리를 기쁘게 맞아주시고 우리를 위하여 구원의 잔치를 베풀어주신다. 우리를 하나님의 자녀로 대해주시며, 우리에게 넘치는 은혜와 복을 주신다.

예수님은 십자가 위에서 우리를 향해 팔을 크게 벌리시고 죽으셨다. 예수님은 누구든지 맞아주신다. 누구도 거절하지 않으신다. 당신에게 오는 사람 모두를 항상 두 팔을 벌리시고 맞아주신다. 탕자를 두 팔을 벌려 맞아주었듯이 예수님은 우리가 회개하고 돌아올 때마다 두 팔을 넓게 벌리시고 넓은 품으로 우리를 맞아주신다.

이렇게 주님 앞에 돌아올 때 주님은 우리를 품에 안아주신다. 주님을 멀리 떠났던 우리가 잘못을 깨닫고 다시 주님에게로 돌아와 주님 품에 안기는 것이 회개다.

탕자가 어떻게 집으로 돌아갈 생각을 할 수 있었을까? 돌아갈 집이 있었기 때문이다. 만일 탕자에게 돌아갈 아버지 집이 없었다면, 그에게는 아무런 희망이 없었을 것이다. 그냥 돼지우리에서 돼지를 치며 돼지가 먹는 쥐엄 열매를 먹고 사는 인생을 살 수밖에 없었을 것이다. 그러나 그에게는 돌아갈 집이 있었다. 그를 기다리는 아버지가 있었다. 그래서 먼 나라에 있으면서도 집을 생각했던 것이다.

그가 비록 아버지 집을 떠나 먼 나라로 갔지만, 그의 집은 먼 나라가 아니라 아버지 집이었다. 우리가 지금 세상에 살고 있지만 이 곳은 우리 집이 아니다. 우리에게는 돌아갈 집이 있다. 우리를 위해 처소를 예비하고 기다리는 하나님이 계시다. 언젠가 우리는 이곳을 떠나 영원한 하늘 집으로 돌아가게 될 것이다. 우리가 이 세상을 떠나도 돌아갈 집이 있다는 것은 얼마나 큰 복인지 모른다.

꼬마 아이들이 어둑어둑해질 때까지 시간 가는 줄 모르고 땅 따먹기 놀이를 하고 있다. 영철이는 땅을 이만큼 땄다. 의기양양했다. 철수는 요만큼밖에 따지 못했다. 의기소침했다. 그런데 철수 엄마가 저녁 먹으라고 철수를 부르러 왔다. 철수는 아무 미련 없이 딴 땅을 다 버리고 엄마와 함께 집으로 달려간다. 그런데 영철이는 우두커니 혼자 남아 있다. 아무도 부르는 사람이 없다. 집 없는 아이인 것이다. 땅을 아무리 많이 땄다고 해도 소용이 없다. 돌아갈 집이 없다. 아무도 기다리는 사람이 없다.

인생이 이런 것이다. 지금 열심히 돈 벌려고 노력하지 않는가? 다 땅따먹기 놀이와 같다. 그러나 인생의 해가 뉘엿뉘엿 저물고, 때가 되면 주님께서 우리를 부르실 것이다. 그러면 그 동안 딴 땅 다 버리고 주님께로 가야 한다. 주님께서 오라고 하실 때 우리는 달려갈 수 있다. 우리를 부르는 분이 우리의 아버지 하나님이시기 때문이다.

예수님은 우리를 위하여 거할 처소를 예비해 놓겠다고 약속하셨다.

> 내 아버지의 집에는 있을 곳이 많다. 그렇지 않다면, 내가 너희가 있을 곳을 마련하러 간다고 너희에게 말했겠느냐? 나는 너희가 있을 곳을 마련하러 간다. 내가 가서 너희가 있을 곳을 마련하면, 다시 와서 너희를 나에게로 데려다가, 내가 있는 곳에 너희도 함께 있게 하겠다(요 14:2-3).

우리의 인생이 끝나는 날 우리는 아버지 집으로 돌아갈 것이다. 그러나 인생이 다 끝났는데도 돌아갈 영원한 집이 없는 사람, 하늘 나라에 처소가 예비되어 있지 않은 사람은 얼마나 불행한 사람인가?

왜 우리가 이 세상을 떠나는 날 천국에 가게 되는가? 우리가 하나님의 자녀이기 때문이다. 하나님의 자녀들이기 때문에 하나님과 영원히 천국에서 거할 수 있는 것이다.

믿지 않는 사람들이 왜 지옥에 가는가? 죄를 지었기 때문에? 아니다. 우리라고 죄를 안 짓는가? 그들이 지옥에 가는 이유는 그들의 아버지가 지옥에 있기 때문이다.

> 너희는 너희 아비인 악마에게서 났으며, 또 그 아비의 욕망대로 하려고 한

11. 천국 패스포트는 진정으로 회개한 사람에게만 주어진다(2)

다. 그는 처음부터 살인자였다. 또 그는 진리 편에 있지 않다. 그것은 그 속에 진리가 없기 때문이다. 그가 거짓말을 할 때에는 본성에서 그렇게 하는 것이다. 그는 거짓말쟁이이며, 거짓의 아비이기 때문이다(요 8:44).

마귀에게 속해 마귀에게 종노릇하며 마귀를 섬기며 살았던 사람들은, 그들의 아비인 마귀가 있는 집에 가게 되어 있다.

우리의 본향 집은 천국이다. 왜냐하면 그곳이 우리 아버지 집이기 때문이다. 예수님께서 그곳에 우리를 위해 처소를 예비해두셨다. 그곳에 우리가 거하게 될 영원한 집이 있다. 우리는 그곳에 가게 될 것이다.

우리가 하늘 본향 집에 이를 때 예수님은 "Welcome Home!" 두 팔을 벌리고 우리를 반갑게 맞아주실 것이다. 우리를 주님 품안에 꼭 안아주실 것이다.

회개할 때 우리의 죄를 눈보다 더 희게 씻어주신다

오너라! 우리가 서로 변론하자. 너희의 죄가 주홍빛과 같다 하여도 눈과 같이 희어질 것이며, 진홍빛과 같이 붉어도 양털과 같이 희어질 것이다(사 1:18).

우리를 왜 부르시는가? 마지막 때에 부르시는 부르심은 심판을 위한 것이다. 우리의 죄를 따지기 위한 것이다. 그러나 지금 하나님께서 우리를 부르는 것은 죄를 따지기 위함이 아니다. 우리의 죄를 용서해주시기 위해서이다.

여기에서 죄를 진홍빛과 주홍빛에 비유를 했다. 진홍빛이라는 말은 히브리어로 '톨라(tola)'이다. 톨라는 벌레 이름이다. 이 톨라라는 벌

레를 짓이겨서 뜨거운 물에 담그면 거기서 밝은 진홍빛 물감이 나온다. 이 물감으로 물을 들이면 여간해서 지워지거나 색이 바래지 않는다고 한다. 진홍같이 붉은 죄라는 말은 단순히 우리의 죄가 붉다는 표현이 아니다. 그 무엇으로도 씻을 수 없고 깨끗하게 할 수 없다는 뜻이다. 죄로 물든 우리의 심령은 그 어느 것으로도 깨끗게 할 수 없다.

그러나 그러한 우리의 심령을 하나님께서 어떻게 해주시겠다고 하시는가? "눈과 같이 희어질 것이며." 헤르몬 산 정상에 막 내린 희고 정결한 눈과 같이, 그리고 털을 깎기 위해 이제 막 요단 강에서 목욕을 하고 올라온 양의 털과 같이 희고, 정하게 해주시겠다는 것이다. 얼마나 감사한 일인가?

사막의 유목민인 베두인은 목욕을 잘 하지 않는다. 때가 덕지덕지 껴서 피부가 까만 사람들이 많다. 역겨운 냄새를 풍긴다. 그들은 왜 때를 닦지 않을까? 게을러서 그런 것만은 아니다. 사막에 물이 귀해서만도 아니다. 낮에는 뜨겁고 밤에는 차가운 사막의 기후를 이겨내기 위해서는 피부가 두꺼워야 한다. 그래서 그들은 때를 잘 닦지 않는다고 한다.

영적으로 베두인 같은 사람들이 있다. 사실 우리는 평생 가도 단 한 번도 죄로 붉게 물든 심령을 끄집어내서 깨끗하게 씻을 수가 없다. 그러나 예수님의 보혈에 푹 담그면, 요단 강에서 막 목욕하고 털을 깎기 위해 올라온 양들의 흰털보다 더 희어질 수 있고, 헤르몬 산에 막 내린 흰 눈보다 더 희게 될 수 있다.

회개할 때 하나님은 우리의 죄를 우리에게서 아주 멀리멀리 옮기신다

11. **천국 패스포트**는 진정으로 회개한 사람에게만 주어진다(2)

하나님께서 우리의 죄를 얼마나 멀리 옮겨 놓으셨는지 아는가? 시편 103편 12절에 보면, 동이 서에서 먼 것같이 우리의 죄를 우리에게서 멀리 옮기셨다고 한다. 지도에 남극과 북극은 있어도 동극이나 서극은 없다. 지도에 동쪽 끝, 서쪽 끝이 나와 있지 않다. 동쪽에서 서쪽까지의 거리는 누구도 잴 수 없다. 그야말로 무한대의 거리이다.

하나님은 우리에게서 영원히 먼 곳으로 우리의 모든 죄를 다 집어던져버리셨다. 우리의 죄를 영원한 우주 공간 속으로 던져버리신 것이다. 하나님은 이처럼 우리가 회개한 죄를 영원히 먼 곳으로 집어던져버리신다. 그래서 우리를 죄와 상관없는 사람으로 만들어주신다.

회개할 때 하나님은 우리의 죄를 아주 깊은 곳으로 던져버리신다

주님께서 다시 우리에게 자비를 베푸시고, 우리의 모든 죄를 주님의 발로 밟아서, 저 바다 밑 깊은 곳으로 던지십니다(미 7:19).

하나님은 우리의 죄를 깊고깊은 바닷속으로 영원히 던져버리셨다. 우리의 죄를 잊어버리시기 위해 그 바닷속으로 던져버리신 것이다.

바닷속에 던져진 것을 누가 다시 찾을 수 있겠는가? 누가 다시 건져올릴 수 있겠는가?

바다는 상상할 수 없을 정도로 넓고 깊다. 그런 곳으로 우리의 죄를 던져버리셨다. 우리의 죄가 다시 떠오를 리가 없다. 얼마나 감사한 일인가?

우리가 죄를 졌어도 회개하면 하나님은 그것을 까마득히 잊어버리신다

중세 시대 한 수녀가 있었다. 수녀는 기도하는 가운데 예수님의 환상을 보았다. 그러나 주교는 그녀의 말이 믿기지 않았다. 그래서 그 수녀를 시험하기로 했다. 수녀를 만나서 이렇게 말했다.

"다음번에 예수님을 만나면 한 가지 좀 물어봐 주겠소?"

"예, 그러시지요 주교님, 뭐라고 여쭈어 볼까요?"

"내가 주교가 되기 전에 지은 가장 큰 죄가 무엇인지 물어봐 주시오. 그래야 내가 회개할 것 아니오?"

그리고 한 석 달이 지났다. 수녀가 주교를 찾아왔다.

"그래, 이번에도 예수님을 만났소?"

"예, 그렇습니다. 주교님."

"내가 부탁한 것, 물어보셨소?"

"물론이지요."

"예수님께서 그래 뭐라고 대답합디까?"

그러자 수녀는 웃으면서 말했다.

"예수님께서 그러시는데, 기억이 안 난다고 합니다."

그렇다. 하나님은 모든 것을 하나도 빼놓지 않고 다 기억하신다. 그러나 한 가지 기억하시지 못하는 것이 있다. 바로 우리의 죄다. 우리가 회개하지 아니한 죄는 다 기억하고 계시지만, 다 기록에 남아 있지만, 우리가 진심으로 통회하고 자복하며 눈물로 회개한 죄는 다 잊어버리신다. 다시는 기억지 아니하신다.

> 주님, 진노를 거두어 주십시오. 우리의 죄악을 영원히 기억하지 말아 주십시오. 주님, 보십시오. 우리는 다 주님의 백성입니다(사 64:9).

11. 천국 패스포트는 진정으로 회개한 사람에게만 주어진다(2)

나는 네 죄를 용서하는 하나님이다…… 내가 더 이상 너의 죄를 기억하지 않겠다(사 43:25).

그가 저지른 모든 죄악을 내가 기억하지 않을 것이다. 그는 법과 의를 따라서 사는 사람이니, 반드시 살 것이다(겔 33:16).

어떤 그림을 보았다. 바다였다. 거기에 이런 팻말이 붙어 있다.
"이 망각의 바다에서는 낚시를 금함."

하나님께서 우리의 죄를 깊은 바닷속에 집어던져 버리시고 우리가 지은 모든 죄를 다 잊어버리셨다. 그런데 우리는 자꾸 그 바다에서 낚시질을 한다. 과거에 지은 죄를, 하나님께서 집어던져 버린 죄를 꺼내 올리는 것이다. 하나님도 기억하고 있지 않은 죄를 꺼내올려 자꾸 하나님에게 기억나게 하는 것이다. 한번 회개하고 용서받았으면 되는데, 또 회개하고 또 회개한다. 죄사함의 확신이 없기 때문이 아닌가?

어떤 할머니가 예수 믿기 전에 남의 닭 한 마리를 몰래 잡아먹었다. 한번은 부흥회에 참석했다가 은혜를 받고 눈물을 흘리면서 닭 잡아먹은 죄를 회개했다. 그런데 그 할머니는 부흥회 때마다 그것을 회개하였다. 닭은 한 번밖에 잡아먹지 않았는데, 수십 마리 잡아먹은 것처럼 부흥회 할 때마다 회개를 하는 것이다. 하나님은 이미 다 잊어버리시고 기억도 못하시는데, 그 할머니는 그것을 잊지 않고 부흥회 할 때마다 회개하였다. 용서의 확신이 없었기 때문이다.

우리가 회개한 죄는 하나님께서 다시는 기억지 아니하신다. 다 잊어버리신다. 하나님께 용서받지 못할 죄는 하나도 없다. 어떤 죄든지 진심으로 회개하면 100% 용서해주신다.

그러므로 그리스도 예수 안에 있는 사람들은 정죄를 받지 않습니다(롬 8:1).

이미 회개한 죄의 문제를 가지고 더 이상 염려하거나 두려워할 필요가 없다. 이미 회개한 죄에 대하여 하나님께서 절대로 천국 입국 심사대에서 문제 삼지 않으실 것이다. 왜냐하면 우리의 죄를 이미 바다 깊은 곳으로 던져버리셨기 때문이다. 우리의 죄를 이미 다 지워버리셨고 또 잊어버리셨기 때문이다. 우리의 죄를 우리에게서 영원히 먼 곳으로 집어던져 버리셨기 때문이다. 그리고 주홍같이 붉은 우리의 죄를 흰 눈보다, 양털보다 더 희게 하셨기 때문이다.

11. 천국 패스포트는 진정으로 회개한 사람에게만 주어진다(2)

12_ 천국 패스포트는 진정으로 회개한 사람에게만 주어진다(3)

새벽닭이 울어도 회개하지 않는 사람들 | 회개할 기회를 놓치지 말라 | 우리도 회개하지 않으면 | 회개하지 않으면 기도 응답도 없다 | 한 영혼이라도 더 예수님께로!

세리들과 죄인들이 모두 예수의 말씀을 들으려고 그에게 가까이 몰려들었다.
바리새파 사람들과 율법학자들은 투덜거리며 말하였다. 이 사람이 죄인들을 맞아들이고, 그들과 함께 음식을 먹는구나.
그래서 예수께서는 그들에게 이 비유를 말씀하셨다.
너희 가운데서 어떤 사람이 양 백 마리를 가지고 있는데, 그 가운데서 한 마리를 잃으면, 아흔아홉 마리를 들에 두고, 그 잃은 양을 찾을 때까지 찾아 다니지 않겠느냐?
찾으면, 기뻐하며 자기 어깨에 메고
집으로 돌아와서, 벗과 이웃 사람을 불러모으고, '나와 함께 기뻐해 주십시오. 잃었던 내 양을 찾았습니다' 하고 말할 것이다.
내가 너희에게 말한다. 이와 같이 하늘에서는, 회개할 필요가 없는 의인 아흔아홉보다, 회개하는 죄인 한 사람을 두고 더 기뻐할 것이다.
어떤 여자에게 드라크마 열 닢이 있는데, 그가 그 가운데서 하나를 잃으면, 등불을 켜고, 온 집안을 쓸며, 그것을 찾을 때까지 샅샅이 뒤지지 않겠느냐?
그래서 찾으면, 벗과 이웃 사람을 불러모으고 말하기를 '나와 함께 기뻐해 주십시오. 잃었던 드라크마를 찾았습니다' 할 것이다.
내가 너희에게 말한다. 이와 같이 회개하는 죄인 한 사람을 두고, 하나님의 천사들이 기뻐할 것이다.

마태복음 16:13-20

새벽닭이 울어도 회개하지 않는 사람들

모든 교회 종탑에는 십자가가 달려 있다. 그런데 교회 종탑에 닭 한 마리가 올라가 있는 곳이 있다. 무슨 교회이기에 종탑에 십자가가 있지 않고 닭이 올라가 있을까? 예루살렘에 있는 '베드로 통곡교회'이다. 베드로가 예수님을 세 번 부인했을 때 닭이 울어댔고 그 소리를 듣고는 밖으로 뛰어나가 통곡을 하며 회개했다. 바로 그것을 기념하는 교회이다. 그래서 십자가 대신 수탉을 교회 꼭대기에 달아놓은 것이다.

베드로는 콤플렉스가 하나 있었다. '수탉 콤플렉스'였다. 닭이 우는 소리를 들을 때마다 가슴이 철렁하며 예수님을 부인했던 것이 떠오르지 않았겠는가? 그래서 베드로는 평생 수탉이 우는 소리를 들을 때마다 회개를 했다고 한다.

베드로는 한 번 예수님을 부인하고 평생 회개하며 살았지만, 우리는 순간순간 계속해서 예수님을 부인하는 삶을 살면서도 수탉이 우는

12. 천국 패스포트는 진정으로 회개한 사람에게만 주어진다(3)

소리를 듣지 못하고 회개도 하지 않는다. 오늘도 베드로로 하여금 통곡하며 회개하게 했던 그 닭은 '베드로 통곡교회' 위에 서서 세상을 향해서 회개하라고 울어대고 있다.

다윗이 우리아의 아내 밧세바를 범하고 나서 얼마나 눈물로 회개를 했던지, 그의 눈물이 베개와 이불을 다 적시고, 나중에는 침상을 띄울 정도가 되었다. 너무 울어서 눈이 통통 붓고 시력이 극도로 악화되어 앞이 안 보일 정도가 되었다. 밤잠을 이루지 못하고 밤새도록 울면서 회개의 기도를 드렸던 것이다. 이것이 진정한 회개이다.

하지만 우리의 모습은 아주 다르다. "하나님, 잘못했습니다. 용서해 주실 거죠?" 하고 간단히 끝내버린다. 회개하는 사람의 눈에서 눈물 한 방울 볼 수 없다. 입술로만 회개하는 것이다. 유대인들은 속죄일에 죄를 고백하면서 계속해서 자기 가슴을 치면서 기도를 한다. 우리에게도 회개의 눈물이 필요하다.

회개할 기회를 놓치지 말라

TV 광고 중 한 장면이다. 크리스마스 장식이 된 방. 남편과 아내가 소파에 앉아 있다. 밖에는 눈이 내리고 벽난로에서는 장작불이 활활 타오르고 있다. 아내가 남편에게 말한다.

"우리 보험 들어야 하잖아요?"

남편이 대답한다.

"이번 크리스마스 지나고 듭시다."

장면이 바뀐다. 같은 방이다. 남편이 세금 보고를 하느라고 정신이 없다. 아내가 남편에게 이야기한다.

"여보, 우리 보험 들어야 하잖아요?"

"이번 세금 보고나 끝내놓고 들도록 합시다."

또 장면이 바뀐다. 해변에서 휴가를 즐기고 있는 낭만적인 부부의 모습이 나온다. 아내가 말한다.

"여보, 보험은 언제 들려고 그래요? 빨리 듭시다."

"알았소. 내가 이번 휴가 끝나면 꼭 들 테니 걱정 마시오."

계절이 바뀌고 나뭇잎이 한 잎 두 잎 떨어지는 가을이 되었다. 아내가 그녀의 의자에 앉아 창 밖으로 낙엽 지는 모습을 바라보고 있다. 그런데 앞에 있는 의자는 비어 있다. 주인을 잃은 남편의 빈 의자였다. 남편이 죽은 것이다. 이어서 자막이 떠오른다.

"생명보험을 구입하십시오. 지금!"

보험회사에서는 생명보험을 팔지만, 예수님을 믿는 것은 생명보험 정도가 아니라 영생 보험을 드는 일이다. 예수 믿고 회개하고 하늘나라 시민권자가 되어 영생 복락을 누리는 일을 뒤로 미루지 말라.

랍비들은 죽기 하루 전에만 회개하면 된다고 가르쳤다. 평생 예수님을 안 믿고 살았어도 죽기 하루 전에라도 예수님 영접하고 회개하면 천국 갈 수 있는 것이 사실이다.

전도를 하다 보면, 믿더라도 지금은 안 믿고 나중에 죽을 때쯤 믿겠다고 하는 사람들이 있다. 이 세상에서 실컷 즐기다가 죽기 딱 하루 전에 회개하고 죽어서 천국 가면 될 텐데 일찍부터 예수 믿느라고 고생할 필요가 있느냐는 것이다. 그러나 문제는 우리가 언제 죽을지 모른다는 사실이다. 죽기 하루 전에만 회개하면 된다는 말은, 언제 죽을지 모르니까 항상 매일 회개하며 살아야 한다는 가르침을 역설적으로 표현한 것이다.

유대인들은 자기 전에 깨끗이 목욕을 하고 옷을 갈아입는다. 그리

12. 천국 패스포트는 진정으로 회개한 사람에게만 주어진다(3)

고 모든 것을 다 정리정돈 해놓고 잔다. 죽을 준비를 하는 것이다. 언제 죽을지 모르기 때문이다.

성 유다라는 사람을 아는가? 모를 것이다. 그런 사람은 없기 때문이다. 성 유다가 될 뻔한 사람은 있다. 바로 가롯 유다이다. 가롯 유다의 이름에는 배신자의 낙인이 찍혔다. 가장 저주받은 이름이 되고 말았다. 그러나 알고 보면 그 사람도 '성 유다'가 될 뻔했던 사람이다.

베드로는 회개했지만, 유다는 회개하지 않았다. 유다는 원래 나쁜 사람이 아니었다. 최후의 만찬 자리에서 예수님께서 "너희 중에 한 사람이 나를 팔아넘기리라"고 했을 때, 제자들은 누가 예수님을 팔아넘길 것인지 전혀 감을 잡지 못했다. 11명의 제자 어느 누구도 유다를 의심하지 않았다. 우리가 상상하는 것처럼 유다는 그렇게 사악한 사람이 아니었다. 예수님을 향해 있던 불만의 틈을 타고 마귀가 들어왔고 순간 돌변해서 예수를 팔아넘기고 만 것이다.

그는 뻔뻔한 사람이 아니었다. 양심도 없는 철면피가 아니었다. 그랬다면 자살하지 않았을 것이다. 하지만 유다가 베드로처럼 회개했다면 예수님은 그를 용서해주었을 것이고, 복음을 전하다가 순교했을 것이다. 그리고 성 유다가 되었을 것이다. 그러나 그는 회개하지 않았고 성 유다가 되지 못했다. 예수님을 배신한 사람으로 낙인이 찍히고 말았다.

지옥은 죄지은 사람들이 가는 곳이 아니라 회개하지 않은 사람들이 가는 곳이다. 죄를 지었기 때문이 아니라 회개하지 않았기 때문에 지옥불에 던져지는 것이다. 천국은 의인들이 가는 곳이 아니라 회개한 죄인들이 가는 곳이다.

우리도 회개하지 않으면

은혜의 시대를 살고 있는 우리는 예수님의 보혈을 통해서 회개하면 죄사함을 받을 수 있다. 하지만 창세기를 보라. 회개하라는 말이 한 번도 안 나온다. 하나님은 가만히 두고 보시다가 안 되겠다 싶으면 그냥 뒤엎으셨다.

노아 시대에 하나님께서 회개하라고 하셨는가? 회개하지 않으면 홍수로 심판하시겠다고 말씀하셨는가?

바벨 탑을 쌓던 사람들에게 하나님께서 "회개하라, 그렇지 않으면 내가 너희들을 천지사면에 흩어지게 하겠다"고 경고하셨는가?

소돔과 고모라 성 주민들에게 회개하라고 경고하셨는가? 회개하지 않으면 불과 유황으로 심판하시겠다고 경고하셨는가?

아니다. 그들은 회개할 수 있는 기회가 없었다. 회개를 통해 죄사함 받을 수 있는 은혜가 주어지지 않았다. 그들은 하나님의 심판을 받으면서도 자기들이 죄를 지어서 하나님의 심판을 받는다는 것을 전혀 알지 못했다. 왜 죽는지도 몰랐던 것이다.

만일 그들에게도 회개할 기회가 주어졌다면 회개했을지도 모른다. 아마 그들은 하나님에게 이렇게 따질 것이다. "하나님, 왜 우리에게는 회개할 기회를 주지 않으셨습니까?" 우리가 회개할 수 있다는 것이 얼마나 큰 복인지 알아야 한다.

9·11 테러가 터지기 전 빌리 그레이엄 목사님은 하나님께서 미국을 심판하지 않는다면 소돔과 고모라 사람들에게 정중히 사과하여야 할 것이라고 말했다고 한다. 타락한 것으로 말하자면 미국이 소돔과 고모라보다 더 하다. 따라서 미국을 심판하지 않는다면 하나님은 소돔과 고모라 사람들에게 할 말이 없을 것이다. 이것이 미국만의 이야기겠

12. **천국 패스포트**는 진정으로 회개한 사람에게만 주어진다(3)

는가? 소돔과 고모라 사람들이 타락해서, 특별히 성적으로 타락해서 멸망을 당했다면 우리는 열두 번도 더 멸망당해 마땅하다.

예수님 당시에 예루살렘에 있는 실로암 망대가 무너져 18명이 죽는 사고가 있었다. 지금도 그 무너진 망대의 잔해물을 볼 수 있다. 그 때 제자들이 물었다. "예수님 그들이 저들의 죄 때문에 망대에 깔려 죽은 것입니까?" 그러자 예수님은 그렇지 않다고 잘라 말하시면서, 우리도 회개하지 않으면 다 그와 같이 망할 것이라고 경고하셨다(눅 13:1-5).

우리는 눈앞에서 세계에서 제일 높은 110층짜리 빌딩이 무너져내리는 것을 실시간 방송으로 목격했다. 한순간에 5천 여 명이 목숨을 잃었다. 추모식에서 빌리 그레이엄 목사님이 이런 설교를 했다.

"우리에게 지금 정말로 필요한 것은 미국이 영적으로 새로워지고, 영적으로 다시 회복되는 것입니다. 우리가 죄를 회개하고 하나님께 돌아오면 하나님께서 우리의 모든 죄를 다 용서해주시고 우리에게 새로운 복을 주시겠다고 얼마나 많이 말씀하셨습니까?"

예수님께서 가장 많이 방문하시고 가장 많은 기적을 행하셨던 곳은 갈릴리 호숫가에 있는 가버나움과 고라신 그리고 벳새다였다. 그러나 열매는 가장 적었다. 그래서 예수님께서 저주를 퍼부으셨다.

> 고라신아, 너에게 화가 있다. 벳새다야, 너에게 화가 있다. 너희 마을들에서 행한 기적들을 두로와 시돈에서 행했더라면, 그들은 벌써 굵은 베 옷을 입고, 재를 쓰고서, 회개하였을 것이다. 나는 너희에게 말한다. 심판 날에 두로와 시돈이 너희보다 견디기 쉬울 것이다(마 11:21-22).

예수님도 가버나움과 고라신, 그리고 벳새다에서는 목회에 실패하셨다. 예수님도 회개시키지 못한 사람들이 있었던 것이다.

하나님께서 우리에게 원하시는 것은, 통회하고 자복하고 회개하는 심령이다(시 51:17). 지은 죄 때문에 가슴 아파하며 하나님 앞에 간절하게 죄사함을 구하는 그런 심령이다. 하나님은 죄는 미워하시지만, 그 죄를 회개하는 사람은 기뻐하신다.

> 내 이름으로 일컫는 나의 백성이 스스로 겸손해져서, 기도하며 나를 찾고, 악한 길에서 떠나면, 내가 하늘에서 듣고 그 죄를 용서하여 주며, 그 땅을 다시 번영시켜 주겠다(대하 7:14).

회개하지 않으면 기도 응답도 없다

기도하고 있는 고넬료에게 천사가 나타나서 말했다.

> 네 기도와 자선 행위가 하나님 앞에 상달되어서, 하나님께서 기억하고 계신다(행 10:4).

아무리 열심히 기도를 해도 하나님 앞에 상달되지 않는다면 무슨 소용이 있겠는가? 하지만 고넬료는 땅에 떨어지는 기도를 드리지 않았다. 그의 기도는 하나님의 귀에까지 '올라가는(go up)' 기도였다.

몇 년 전 교회 창립기념주일에 전교인이 교회 마당에서 소원을 담아서 풍선에 매달고 하늘로 날려 보냈다. 풍선들은 하늘 높이 높이 올라갔다. 하지만 교회 안에서 풍선을 날려 보냈으면 천장에만 대롱대롱 매달리고 말았을 것이다. 그리고 며칠 지나지 않아 바람이 다 빠져 쭈글쭈글 해진 채로 바닥에 떨어지고 말았을 것이다. 천장이 가로막고 있

12. **천국 패스포트**는 진정으로 회개한 사람에게만 주어진다(3)

기 때문이다.

　하나님과 우리 사이도 마찬가지다. 하나님과 우리 사이에 뭔가가 가로막고 있으면 우리가 아무리 기도를 드려도 하나님 앞에 상달될 수가 없다.

> 주님께서 구름을 두르셔서, 우리의 기도가 주님께 이르지 못하게 하셨습니다(애 3:44).

　이스라엘 백성은 왜 하나님께서 그들의 기도를 들어주시지 않는지 그 이유를 잘 알고 있었다.

> 우리가 주님을 거슬러 죄를 지었고, 주님께서는 우리를 용서하지 않으셨습니다(애 3:42).

　죄를 지었기 때문에 기도를 해도 응답해주시지 않은 것이다.

> 오직, 너희 죄악이 너희와 너희의 하나님 사이를 갈라놓았고, 너희의 죄 때문에 주님께서 너희에게서 얼굴을 돌리셔서, 너희의 말을 듣지 않으실 뿐이다(사 59:2).

　하나님과 우리 사이에 막힌 죄의 담을 먼저 헐어야 우리의 기도가 방해를 받지 않고 하나님 앞에까지 올라갈 수 있다. 우리의 죄가 빽빽한 구름같이 하나님과 우리 사이를 가로막고 있으면, 우리 쪽에서 아무리 소리 높여 기도를 해도 저쪽에서 들리지 않는다. 하나님께서 우리에게 은혜의 햇빛을 비춰주셔도, 빽빽한 죄의 구름이 가로막고 있으면,

우리는 그 빛을 받을 수가 없다. 하나님과 우리 사이에 막힌 것이 없어야 기도가 하나님 앞에 상달될 수 있다.

기도를 하면 하나님께서 다 응답해주시니 열심히 기도하라는 말을 얼마나 많이 들어왔는가? 그러나 아무리 거창하게 기도를 해도 거들떠보지도 않을 테니 괜히 기도하느라 헛수고하지 말라는 말씀도 있다.

> 너희가 팔을 벌리고 기도한다 하더라도, 나는 거들떠보지도 않겠다. 너희가 아무리 많이 기도를 한다 하여도 나는 듣지 않겠다(사 1:15).

그 이유를 보자.

> 너희의 손에는 피가 가득하다. 너희는 씻어라. 스스로 정결하게 하여라. 내가 보는 앞에서 너희의 악한 행실을 버려라. 악한 일을 그치고, 옳은 일을 하는 것을 배워라(사 1:15-17).

스스로 정결케 하고 악한 행실을 버려야 기도 소리에 귀를 기울이시고 우리의 기도를 응답해주신다는 것이다. 그러기 전까지는 하나님께서 귀를 막으시고 우리의 기도 소리를 듣지 않으시겠다는 것이다. 시편 기자는 이렇게 고백하고 있다.

> 내가 마음속으로 악한 생각을 품었더라면, 주님께서 나에게 응답하지 않으셨을 것이다(시 66:18).

우리의 마음이 순수하고 정결하지 않으면 기도가 효력이 없다. 우리가 사악한 마음과 부정한 마음과 바르지 못한 마음을 품고 기도를 하

12. 천국 패스포트는 진정으로 회개한 사람에게만 주어진다(3)

면 하나님께서 응답해주시지 않는다. 하나님은 통회하고 자복하는 심령을 받으신다. 그런 마음으로 기도를 드려야 하나님께서 들으시고 응답해주신다.

유대인들은 진정으로 회개하는 마음으로 제물을 바치면 하나님께서 그 제물을 받으시지만, 회개하는 마음 없이 형식적으로 바치면, 하나님께서 그 제물을 받지 않으시고, 그 사람의 죄를 용서하지 않는다고 가르쳤다. 그래서 진정으로 회개한 사람이 드리는 제물의 연기는 향기와 더불어 하늘로 올라가지만, 건성으로 회개한 사람이 드리는 제물의 연기는 땅에 자욱히 가라앉고 만다고 믿고 있다.

기도도 마찬가지이다. 진정으로 죄를 회개하고 죄에서 돌아선 사람이 드리는 기도만이 하늘 높이 올라가 하늘 보좌에 다다를 수 있다.

한 영혼이라도 더 예수님께로!

유대인 6백만 대학살을 배경으로 만든 영화 '쉰들러 리스트'가 있다. 이 영화는 제2차 세계대전 말, 폴란드에서 있었던 실화를 토대로 만들었다. 주인공 오스카 쉰들러는 독일의 나치 당원으로서, 폴란드에서 에나멜 무기 공장을 경영했던 사람이다.

가톨릭 신자였던 그는 유대인들이 개 취급을 받으면서 아무렇지도 않게 대량 학살되는 것을 보고는 나치 당원으로서는 상상도 할 수 없는 일을 하기 시작한다. 그는 막대한 돈을 들여서 독일 군인들과 흥정을 했다. 그리고 1,100명의 유대인들을 사서 자기 공장에서 일하게 했다. 그의 공장에서 일하는 사람들은 대학살을 피할 수가 있었다.

영화의 끝 장면. 독일이 망하고 쉰들러는 도망을 가야 하는 처지에

놓이게 된다. 쉰들러는 더 많은 사람들을 살려내지 못한 것을 탄식한다. "승용차를 팔았더라면 유대인 10명은 더 구할 수 있었을 텐데……. 시계와 결혼 반지를 팔았더라면 유대인 2명을 살릴 수 있었을 텐데……."

본래 이 영화의 제목은 '쉰들러 리스트(Schindler's List)'가 아니라 '쉰들러의 방주(Schindler's Ark)'이다. 쉰들러의 방주라는 표현은 노아의 방주에서 나온 것이다. 대홍수가 일어났다. 그러나 노아의 방주에 탔던 사람들은 다 구원받을 수가 있었다. 마찬가지로 대학살이 진행되고 있었다. 그러나 쉰들러의 공장에서 일하는 사람들은 안전했다. 그의 방주에 탄 사람들은 다 살아남았다. 그는 한 사람이라도 더 그의 안전한 방주에 태우려고 최선을 다하였다. 그는 자신의 목숨을 걸어가면서까지 그리고 자신의 모든 것을 희생해 가면서까지 한 사람의 유대인이라도 더 구하기 위해 모든 노력을 하였다. 유대인이 아니었는데도 말이다.

새들백 교회의 릭 워렌 목사님의 아버지도 작은 교회에서 목회를 하셨다. 그는 목수 일을 좋아해서 자원봉사자로 전세계를 돌아다니면서 교회를 150여 개 이상 지어주었다.

이분이 암으로 병원에 입원했다. 일어설 힘이 없는데 계속 침대에서 일어나려고 했다.

"아버님, 왜 그러세요? 아버님은 지금 누워 계셔야 해요. 일어나실 수 없어요."

그러나 릭 워렌 목사님의 아버지는 계속 일어나려고 하면서 중얼거렸다.

"한 영혼이라도 더 예수님께! 한 영혼이라도 더 예수님께!"

죽기 전에 계속 그 말만 되풀이했다고 한다. 한 영혼이라도 더 구원하기 위해, 나가서 전도하기 위해 계속 일어나려고 했던 것이다. "한 영

12. 천국 패스포트는 진정으로 회개한 사람에게만 주어진다(3)

혼이라도 더 예수님께로!' 그분이 마지막 유언처럼 남긴 말이다.

나중에 천국에서 누군가가 당신에게 찾아와서 당신 때문에 내가 이곳에 오게 되었다고 감사할 사람이 몇 명이나 있는가? 당신 때문에 천국에 가는 사람이 있어야 하지 않겠는가?

지옥 문 앞에서 안 들어가려고 발버둥치는 불쌍한 영혼들이 보이지 않는가? 지옥에서 슬피 울며 이를 가는 사람들이 보이지 않는가? 그들이 나중에 우리를 보고 이를 갈지도 모른다.

"당신은 왜 영원한 고통과 저주에서 나를 구하기 위해 내게 전도를 하지 않았던 거요?"

"당신은 나를 죄와 지옥에서 구할 수 있었는데도 나를 내버려두었소. 당신이야말로 이곳에 와야 할 사람이 아니오?"

지옥에 가는 사람들을 보고도 가만히 있는 사람은 천국에 갈 자격이 없는 사람이다.

성경은 이렇게 말씀하고 있다.

> 또 만약 의인이 지금까지 걸어온 올바른 길에서 떠나서 악한 일을 할 때에는, 내가 그 앞에 올무를 놓아, 그 의인 역시 죽게 할 것이다. 네가 그를 깨우쳐 주지 않으면, 그는 자기가 지은 그 죄 때문에 죽을 것이다. 그리고 그가 이미 행한 의로운 행실은 하나도 기억되지 않을 것이다. 그러나 그 사람이 죽은 책임은 내가 너에게 묻겠다(겔 3:20).

어떤 사람이 지옥에 갔다고 하자. 물론 그 사람은 지옥에 갈만한 죄를 졌기 때문에 지옥에 갔을 것이다. 그러나 하나님은 그 책임을 우리에게 물으실 것이라고 말씀하신다.

우리에게 무슨 책임이 있단 말인가? 만일 그 사람에게 전도를 해서 그 사람이 회개를 했으면 그 사람은 지옥에 가지 않았을 것이다. 그러니 그 사람이 지옥 간 것은 우리 책임이라는 것이다.

영원히 끝나지 않는 저주의 장소를 향해 나아가는 구원받지 못한 영혼들의 무거운 발걸음 소리에 귀를 기울여 보라. 그 소리를 듣는다면 편안한 잠을 잘 수 없을 것이다. 우리가 서로 미워하고 비방하고 헐뜯는 동안에 매일매일 무수한 영혼들이 그리스도 없이 무덤에 들어가고 있다. 그들은 거기서 영원히 잠을 잘 수 없을 것이다.

지옥에는 낮이 없다. 밤이 있을 뿐이다. 그것은 영원한 밤이요, 끝나지 않는 고통의 밤이다. 세상은 지옥불로 타고 있는데, 우리 기독교인들은 깊이 잠들어 있지 않은지 생각해 보아야 한다.

단 1분만이라도 지옥불을 체험하고 지옥을 견학한다면, 지옥은 텅텅 빌 것이다. 도너츠를 굽는 기름이 한 방울만 손등에 튀어도 우리는 기겁을 한다. 지옥에서는 그 펄펄 끓는 기름 안에 아예 들어가 있어야 한다.

지옥 간 사람 쳐놓고 지옥이 있는 것을 미리 알았던 사람은 단 한 사람도 없을 것이다. 모르기 때문에 다 거기 간 것이다. 하지만 우리는 천국이 있고 지옥이 있다는 것을 알고 있지 않은가? 그것을 모르는 사람에게 알려주는 것이 바로 전도다. 우리가 전도하지 않는 것은 "당신은 지옥에 가도 괜찮습니다"라고 말하는 것과 다를 것이 없다.

하나님은 한 영혼도 잃는 것을 원하지 않으신다. 한 영혼도 지옥에 가는 것을 원하지 않으신다. 하나님은 모든 사람이 다 구원받기를 원하신다. 그런데 우리는 우리가 구원받은 것으로 만족하고 있지 않는가? 예수님은 지금도 잃어버린 한 마리 양을 찾아 헤매고 계신데 우리는 양 우리 안에 있다고 그것으로 만족하고 있지 않는가? 예수님은 지금도 잃어버린 아들을 기다리고 있는데 우리는 탕자의 비유에 나오는 큰아들

12. 천국 패스포트는 진정으로 회개한 사람에게만 주어진다(3)

처럼 집 나간 동생에 대해서는 전혀 무관심한 채로 집에 머물러 있는 것으로 만족해 하지 않는가?

우리가 하나님을 위해 할 수 있는 가장 큰 일은 전도하는 것이다. 누군가를 그리스도 앞으로 인도하는 일이다. 그것이 하나님의 소원이다.

죄인 한 사람이 회개하면 하늘에서는 회개할 것이 없는 의인 99명으로 말미암아 기뻐하는 것보다 더 기뻐한다고 말씀하고 있지 않는가? 잃은 양 한 마리를 도로 찾았을 때 잔치를 열지 않았는가? 잃은 동전 한 닢을 다시 찾았을 때 온 동네 잔치를 벌이지 않았는가? 잃은 아들이 돌아왔을 때 아버지가 잔치를 열어주지 않았는가?

한 영혼이라도 더 주님께 인도해야 한다. 우리 때문에 천국 가는 영혼들이 많아져야 한다.

"한 영혼이라도 더 예수님께!"

"한 영혼이라도 더 예수님께!"

이것이 남은 우리의 인생의 주제가 되어야 한다.

13_ 천국 패스포트는 거듭난 사람에게만 주어진다

하늘나라 시민권자가 되려면 'B.A 학위'를 가지고 있어야 한다 | 거듭난 사람은 옛사람이 완전히 죽고 새사람으로 새롭게 태어난 사람이다 | 거듭난 사람은 위로부터 난 사람이다 | 거듭난 사람은 죄를 반복적으로 범하지 않는다 | 거듭난 사람은 예수 그리스도에 대한 분명한 신앙고백을 한다 | 거듭난 사람은 세상을 이기는 사람이다

바리새파 사람 가운데 니고데모라는 사람이 있었다. 그는 유대 사람의 한 지도자였다.
이 사람이 밤에 예수께 와서 말하였다. 랍비님, 우리는, 선생님이 하나님께로부터 오신 분임을 압니다. 하나님께서 함께 하지 않으시면, 선생님께서 행하시는 그런 표징들을, 아무도 행할 수 없습니다.
예수께서 그에게 말씀하셨다. 내가 진정으로 진정으로 너에게 말한다. 누구든지 다시 나지 않으면, 하나님 나라를 볼 수 없다.
니고데모가 예수께 말하였다. 사람이 늙었는데, 그가 어떻게 태어날 수 있겠습니까? 어머니 뱃속에 다시 들어갔다가 태어날 수야 없지 않습니까?
예수께서 대답하셨다. 내가 진정으로 진정으로 너에게 말한다. 누구든지 물과 성령으로 나지 아니하면, 하나님 나라에 들어갈 수 없다.
육에서 난 것은 육이요, 영에서 난 것은 영이다.
너희가 다시 태어나야 한다고 내가 말한 것을, 너희는 이상히 여기지 말아라.
바람은 불고 싶은 대로 분다. 너는 그 소리는 듣지만, 어디에서 와서 어디로 가는지는 모른다. 성령으로 태어난 사람은 다 이와 같다.

요한복음 3:1-8

하늘나라 시민권자가 되려면 'B.A 학위'를 가지고 있어야 한다

두 청년이 여행을 하다가 주일 예배를 드리기 위해 한 교회에 들어갔다. 웅장하고 큰 교회였다. 예배드리러 온 사람들도 다 엘리트들처럼 보였다. 예배가 시작되었고 출석부가 돌려졌다. 그들 앞에도 출석부가 오게 되었다.

출석부를 보니 독특했다. 모든 이름 뒤에 B.A, Th.M, Ph.D, M.D 같은 학사, 석사, 박사 학위가 함께 적혀 있었다.

그런데 한 사람이 출석부에 이름을 기록해야 하는데, 그 사람은 이름밖에 쓸 것이 없었다. 학위가 없었던 것이다. 잠시 머뭇거리더니 그 사람도 이름 뒤에 B.A(문학사 Bachelor of Arts의 약자)라고 썼다.

예배가 끝나고 옆에 있던 친구가 물었다.

"아니, 자네가 무슨 학위가 있다고 B.A라고 써놓았는가? 그런 거짓말을 뭐 하러 하나?"

13. 천국 패스포트는 거듭난 사람에게만 주어진다

"아닐세. 나는 거짓말 한 것이 아니네. 나는 사실대로 썼을 뿐이네."
"이 사람이 무슨 말 하는 거야? 자네가 무슨 학위가 있다고 그래?"
"자네가 알 듯이 나는 문학사 같은 학위는 없네. Born Again의 약자로 B.A라고 쓴 것일세. '나는 거듭난 기독교인이다' 그런 뜻이지."

미국에서 대통령이 되기 위해서는 국민들에게 믿음 좋은 사람으로 인정을 받아야 하는 것 같다. 그래서인지 서로 자신의 믿음을 강조하는 것을 볼 수 있다. 미국 역대 대통령 가운데 신앙심이 가장 깊었던 사람은 지미 카터 대통령일 것이다.

그는 1976년 민주당 대통령 후보로 나서면서 공개적으로 자신이 '거듭난 기독교인(born-again Christian)'이라고 밝혔다. 이 고백은 크게 화제가 되었다. 이때부터 'born again'이라는 말이 널리 퍼지기 시작했다. 미국 사람들 가운데는 기독교인이냐고 물을 때 그렇다고 하면 또 한 번 묻는 사람들이 많다.

"Are you a born again Christian?"

구원의 확신이 있는지 묻는 질문이다. 그런 질문을 받고, '남이 구원받고 말고는 무슨 상관이야? 혼자 예수 잘 믿는 척하네' 하면서 기분 나빠하는 사람이 있다. 그리고는 비꼬아 대답을 한다.

"No, I am a Methodist."("아니오, 저는 감리교도입니다.")

"당신은 거듭난 기독교인입니까?"라는 질문에 기분 나빠하는 것은 "예, 나는 거듭난 기독교인입니다"라고 대답할 수 없기 때문은 아닐까?

존 웨슬리는 두 종류의 기독교인이 있다고 했다. '거의 기독교인(almost Christian)'과 '완전히 기독교인(altogether Christian)'이다. '완전히 기독교인'은 모든 면에 있어서 100% 기독교인인 사람을 말하고, '거의 기독교인'은 그렇지 못한 사람을 말한다. 당신은 '거의 기독교인'인가, 아니면 '완전히 기독교인'인가? '거듭난 기독교인'인가, 아니면 '아직 거듭나지 못한 기독교인'인가?

　여기 구원받을 수도 있었으나 구원받지 못한 사람이 있다. 지옥 가지 않아도 될 사람이었는데 지옥에 가고 말았다. 사람들은 그가 기독교인이라고 생각했다. 그러나 하나님 보시기에는 아니었다. 거듭난 기독교인이 아니었기 때문이다.

　그 사람은 거의 구원받을 뻔했다. 천국 문 앞에까지 갔으나 들어가지는 못했다. 기독교인이긴 했지만 거듭난 기독교인이 아니었기 때문이었다. 누구든지 물과 성령으로 거듭나지 아니하고는 하늘나라에 들어갈 수 없다고 말씀하시지 않았는가? 그 사람이 당신이 아니기를 바란다.

　존 웨슬리가 한창 복음을 전할 때 조지 휫필드 목사님이 있었다. 그분은 "거듭나야 한다!"는 설교를 늘 외치고 다녔다. 이 목사님의 설교에 은혜를 받은 청년이 목사님의 비서를 자청했다. 목사님의 말씀을 많이 듣기 위해서였다. 목사님을 수행하는 동안 이 청년은 거듭나야 한다는 설교를 무려 70번이나 들었다. 똑같은 설교에 싫증난 청년은 왜 매번 같은 설교만 하는지 물었다. 목사님이 대답했다.

　"그건 바로 자네가 거듭나야 하기 때문이네."

　니고데모는 바리새인이었다. 우리는 '바리새인' 하면 부정적으로만 생각한다. 바리새인은 곧 위선자라는 편견이 있다. 물론 바리새인들 가운데 그런 사람들도 있었지만 일부분이었다. 모든 바리새인들을 다 위선자, 외식주의자, 율법주의자로 보아서는 안 된다. 그들은 누구보다도 하나님을 열심히 믿는 신실한 사람들이었으며, 하나님의 뜻대로 살아가는 것에 가장 큰 관심을 두고 살았던 사람들이다.

　그들은 하나님의 계명을 철저하게 준수하려고 얼마나 노력을 했는지 모른다. 이스라엘에서 공부하던 목사님 한 분이 안식일에 회당을 방문하였다. 맨 뒷자리에 앉아서 예배를 드리면서 랍비의 설교를 받아쓰고 있는데, 옆에 있는 사람이 자꾸 쳐다보았다. 낯선 이방인이 와서 그러는가 보다 생각하고는 계속 받아쓰고 있는데, 안내하는 사람이 와서는 얼굴을 붉히면서 노트에 메모를 못하게 했다고 한다.

유대인들은 안식일에 글 쓰는 것도 일하는 것으로 여겼던 것이다. 우리는 그들을 율법주의자로 몰아붙일지 몰라도, 그들은 그 정도로 철저하게 하나님의 계명대로 살려고 노력했던 사람들이다.

이렇게 니고데모는 아주 열심히 하나님을 섬기며 신실하게 하나님의 뜻을 행하는 경건한 사람이었다. 모든 면에서 정말 좋은 사람이었다. 훌륭한 사람이었다. 그는 모든 사람들의 존경을 받았다. 그는 세상 사람들이 보기에는 하나님 나라에 들어갈 자격을 충분히 갖고 있었다. '니고데모 같은 사람이 천국에 못 가면 도대체 누가 간단 말인가?' 사람들은 그렇게 생각했을 것이다.

하지만 예수님께서는 니고데모를 보고 "너라면 하늘나라에 충분히 들어갈 수 있겠다"고 말씀하시지 않으셨다.

> 내가 진정으로 진정으로 너에게 말한다. 누구든지 다시 나지 않으면, 하나님 나라를 볼 수 없다(요 3:3).

> 내가 진정으로 진정으로 너에게 말한다. 누구든지 물과 성령으로 나지 아니하면, 하나님 나라에 들어갈 수 없다(요 3:5).

아무리 선한 사람이라고 할지라도 그 선함으로 하나님 나라에 들어갈 수 없다. 아무리 종교적인 사람이라고 할지라도 거듭나지 아니하면 종교적인 열심이나 종교적인 행위만으로는 결코 하나님 나라에 들어갈 수 없다.

　하나님 나라에 들어갈 때는 다른 것을 보지 않는다. B. A.를 가졌는지 안 가졌는지, 거듭났는지 거듭나지 못했는지만을 확인 한다.

거듭난 사람은 옛사람이 완전히 죽고 새사람으로 새롭게 태어난 사람이다

　어떤 목사님이 사하라 사막에 있는 부족에게 선교를 하러 갔다. 복음을 전하고, 그들이 예수를 영접하게 되었다. 그런데 문제가 생겼다. 그분은 침례교 목사님이라서 그들에게 침례를 주어야 되는데, 침례를 줄 만한 많은 물이 사막에 없었다.

　목사님은 한참 고민하다가 모래 구덩이를 팠다. 그리고 침례 받을 사람들을 그 안에 들어가서 눕게 했다. 그런 다음 모래로 완전히 다 파묻고, 코만 남겨 놓았다.

　물 대신 모래 구덩이 속에 파묻혔다가 나오게 한 것이다. 세례를 모래로 준 것이었다. 이 세례는 무효가 되었겠는가? 아니다.

　우리는 세례받을 때 이제 옛사람이 죽었다는 뜻으로 물 속에 들어간다. 그리고 이제 새사람으로 새롭게 태어났다는 뜻으로 물에서 나온다. 모래 속에 묻었다. 장사지낸 것이다. 그랬다가 다시 일어났다. 새사람으로 거듭난 것이다. 얼마나 생생한 세례인가?

　베네딕트 수도원에서는, 수도사로서 평생 살 것을 서원하면, 그 사람을 위한 예식을 거행한다. 수도사가 되기로 서원한 사람은 예수님께서 말씀하신 대로 자기를 부인하고 십자가를 지고 주님만을 위해서 살아가겠다고 서원을 한다. 그렇게 고백하고 난 다음 관 속에 들어간다.

13. **천국 패스포트**는 거듭난 사람에게만 주어진다

관 위에는 하얀 관보가 덮힌다. 그 사람의 장례식을 치르는 것이다.

장내에는 그 사람의 죽음을 알리는 종소리가 무겁게 울려 퍼진다. 사방은 캄캄하고 침묵만이 흐른다. 얼마 후 침묵을 깨고 하나님의 말씀이 울려 퍼진다.

> 잠자는 사람아, 일어나라. 죽은 사람 가운데서 일어서라. 그리스도께서 너를 환히 비추어 주실 것이다(엡 5:14).

그러면서 부활절 찬송이 울려 퍼진다. 관보가 벗겨지고 관 속에 들어가 있던 사람이 관에서 나온다. 그리고 그에게 수도사의 옷을 입혀준다. 이렇게 해서 수도사가 된다.

수도사가 되는 사람만이 이런 경험을 하는 것은 아니다. 우리는 세례받을 때 동일한 경험을 한다. 수도사가 관에 들어갔다 나오는 것과 우리가 세례받을 때 물 속에 들어갔다 나오는 것의 의미는 똑같다. 단순히 죄를 씻는다는 의미로 세례받는 것이 아니다. 세례에는 옛사람이 죽고 새사람이 되었다는 뜻이 담겨 있다.

일제 시대에 김익두라는 유명한 깡패가 있었다. 얼마나 악명이 높았던지 장에 가는 사람들이 서낭당에 돌을 던지면서 오늘 읍내 나갔다가 김익두를 만나지 않게 해달라고 빌 정도였다. 그런 그가 예수를 믿게 되었다.

어느 날 김익두가 죽어서 교회에서 장례식을 한다는 부고장이 여기저기 나붙었다. "김익두가 죽었다는데, 어떻게 된 일이야?" 장안의 화제가 되었다. 장례식이 있던 날 수많은 사람들이 교회로 몰려왔다. 그런데 막상 가서 보니 장례식이 아니라 세례식이었다.

세례받으면서, 많은 사람 앞에서 "깡패 김익두는 죽었습니다. 나는 이제 새사람이 되었습니다"라고 선포했던 것이다.

그가 예수 믿고 변화되어 전도를 하러 다니고 있었는데, 그를 잘 아는 한 아주머니가 김익두가 정말 달라졌는지 시험해보기로 했다. 기다리고 있다가 김익두가 지나가자 그의 얼굴에 물 한 바가지를 확 끼얹었다. 물 벼락을 맞은 김익두가 말했다.

"내가 죽었으니 아주머니가 지금 살아 있는 줄 아시오. 예수 믿기 전에 이런 일을 당했으면 아주머니는 벌써 죽었을 거요. 아주머니가 살아남아 있다고 하는 것이 바로 내가 죽었다는 증거요."

기독교의 최고의 성자인 성 어거스틴도 한때 심한 망나니였다. 하루는 한 여자가 어거스틴을 보더니 반갑게 인사를 했다.

"아니, 이게 누굽니까? 어거스틴 아닙니까? 정말 반갑네요."

별 반응이 없자 이 여자는 어거스틴을 붙잡고 말했다.

"나요 나, 나 생각 안 나요? 나 몰라보겠어요?"

이 사람은 길거리에서 웃음을 파는 여자였다. 전에 허랑방탕하게 살아갈 때 같이 놀아나던 여자였다. 어거스틴이 한 마디 했다.

"당신은 당신이지만, 나는 더 이상 내가 아니오."

그리고 말을 이었다.

"당신은 옛날의 당신 그대로지만, 나는 더 이상 옛날의 내가 아니오. 나는 옛 생활을 청산하고 새사람이 되었소. 옛사람은 죽고 새사람이 되었소."

당신의 옛사람이 죽었다는 증거가 있는가? 당신이 거듭났다고 하는 증거가 있는가?

당신이 5년 전, 10년 전, 20년 전에 세례를 받았다고 할지라도, 아직도 옛사람이 죽지 않고 살아남아 있다면, 아직도 옛사람을 주님과 더불어 십자가에 못 박지 않았다면, 아직도 육체의 소욕을 버리고 성령의

13. 천국 패스포트는 거듭난 사람에게만 주어진다

인도하심을 따라서 살아가고 있지 못한다면, 당신은 아직도 거듭나지 못한 사람이다.

거듭난 사람은 위로부터 난 사람이다

거듭나야 한다는 말은 '다시 태어난다(born again)'라는 뜻 외에 '위로부터 난다(born from above)'는 의미가 있다. 우리는 부모를 통해서 이 땅에 태어났다. 그것은 아래로부터 태어나는 것이다. 그러나 또 다른 탄생이 있다. 그것은 위로부터 태어나는 것이다. 다시 말해 하나님으로부터 태어나는 것이다. 거듭난다고 하는 것은 위로부터, 곧 하나님으로부터 영적으로 완전히 새롭게 태어나는 것을 말한다.

요한1서에 보면 '하나님으로부터 난 사람(born of God)'이라는 용어가 많이 나온다. 그 말은 거듭난 사람과 같은 말이다. 그러면 어떤 사람이 하나님으로부터 난 사람인가?

거듭난 사람은 죄를 반복적으로 범하지 않는다

의를 행하는 사람은 누구나 다 하나님에게서 났음을 알 것입니다(요일 2:29).

하나님에게서 난 사람은 누구나 죄를 짓지 않습니다. 하나님의 씨가 그 사람 속에 있기 때문입니다. 그는 죄를 지을 수 없습니다. 그가 하나님에게서 났기 때문입니다(요일 3:9, 참조, 요일 5:18)

거듭난 사람은 그 안에 하나님의 거룩한 씨를 가지고 있다. 우리 안에 하나님의 거룩한 씨가 있는지 없는지 어떻게 알 수 있을까? 우리 안에 하나님의 씨가 있다면 우리는 죄를 범하지 않을 것이라고 성경은 말씀하고 있다.

아무리 거듭난 사람이라고 해도 죄를 짓지 않고 살 수 없을 것이다. 여기에서 말하고 있는 것은, 거듭난 사람은 절대로 아무 죄도 짓지 않는다는 것이 아니라 세상 사람들처럼 죄를 습관처럼 짓지 않는다고 하는 것이다.

세상 사람들은 죄를 습관처럼 짓는다. 죄짓는 것이 습관화되어 있다. 또 세상 사람들은 죄를 지으면서도 두려워하지 않는다. 아무렇지도 않게 죄를 짓는다. 죄라는 것을 알면서도 죄를 짓는다. 그러나 거듭난 사람들은 그렇지 않다. 그들 안에는 하나님의 씨가 있기 때문에, 죄를 무서워하고 두려워하며 멀리한다.

죄라는 것을 알면서도 죄를 짓는다면, 그 사람은 하나님에게서 난 사람이 아니다. 죄짓는 것을 두려워하지 않는다면 아직 거듭난 사람이 아니다. 같은 죄를 반복적으로 짓는 사람도 마찬가지다. 알면서도 죄를 짓는다면 아직 거듭나지 못한 것이다.

우리가 거듭난 사람이라면 죄를 멀리하고, 죄를 두려워하고, 죄를 미워할 것이다. 우리가 선한 사람이라서가 아니다. 우리 안에 하나님의 거룩한 씨가 있기 때문이다. 하지만 세상 사람들은 그 안에 하나님의 씨가 없기 때문에 아무렇지도 않게 상습적으로 죄를 범한다.

아직도 죄 가운데 살아가고 있는가? 거듭나지 못해서 그런 것이다. 죄를 이기려면 죄를 짓게 하는 옛사람이 죽어야 한다. 우리 안에 있는 옛 본성을 십자가에 주님과 더불어 못 박아야 한다. 죄를 이길 힘은 보혈의 능력밖에 없다. 죄를 이길 힘은 오직 성령의 능력뿐이다. 물과 성

13. 천국 패스포트는 거듭난 사람에게만 주어진다

령으로 거듭나 죄를 이기고 죄를 정복하기를 바란다.

거듭난 사람은 예수 그리스도에 대한 분명한 신앙고백을 한다

> 예수가 그리스도이심을 믿는 사람은 다 하나님에게서 태어났습니다(요일 5:1).

베드로가 주님은 그리스도이시며 살아 계신 하나님의 아들이시라고 고백했을 때 예수님께서 뭐라고 말씀하셨는가?

> 시몬 바요나야, 너는 복이 있다. 너에게 이것을 알려 주신 분은, 사람이 아니라, 하늘에 계신 나의 아버지시다(마 16:17).

성령의 역사가 아니고는 누구도 예수님을 구세주로 고백할 수가 없다. 거듭난 사람이 아니고는 누구도 예수님을 구세주로 믿을 수가 없다. 예수님에게 "주는 그리스도시요 살아 계신 하나님의 아들이십니다. 나의 생명을 온전히 주님께 다 바치겠습니다"라고 고백할 수 있는가? 그렇다면 당신은 거듭난 사람이다. 당신에게 하나님의 나라는 활짝 열려 있다.

빌리 그레이엄 목사님이 플로리다에서 집회를 마치고 공항으로 가고 있었다. 리무진을 처음 타 본 빌리 그레이엄 목사님은 운전기사에게 잠깐만 운전을 해봐도 되겠느냐고 물었다. 운전기사는 거절할 수가 없어 운전대를 내주었다. 리무진 운전석에 앉은 빌리 그레이엄 목사님은 흥분한 나머지 시속 95마일로 신나게 달리기 시작했다.

그런데 어디서 봤는지 경찰차가 사이렌을 울리며 쫓아왔다. 차를 세운 경찰은 빌리 그레이엄 목사를 보고 놀라지 않을 수 없었다.
좀 당황하더니 상사에게 전화를 했다.
"지금 아주 중요한 VIP가 속도를 위반했는데, 어떻게 할까요?"
"누군데? 마이클 잭슨이야?"
"아닙니다. 그 사람보다 더 VIP인 것 같습니다."
"그럼 주지사 잭 부시?"
"그 사람보다 더 VIP인 것 같습니다."
"그럼 부시 대통령이란 말인가?"
"아닙니다. 그 사람보다 더 VIP인 것 같습니다."
"아니, 이 나라 대통령보다 더 VIP라니, 도대체 누군데 그러는 거야?"
"운전기사가 빌리 그레이엄 목사님인 것을 보니 그분이 모시고 가는 분은 예수님인 것 같습니다."
내 차에 예수님께서 타고 계신다. 예수님께서 가자고 하는 대로 가야 한다. 예수님을 당신의 인생의 주님으로 모시는 것은 당신의 인생의 운전대를 예수님께 내어드리는 것을 말한다. 지금까지는 당신이 가고 싶은 대로 운전해서 갔지만 그분을 당신의 인생의 주인으로 모셔들이면 더 이상 그렇게 할 수 없다. 그분이 운전하는 대로 따라가야 한다. 그분이 가라는 대로 가야 한다.

거듭난 사람은 세상을 이기는 사람이다

하나님에게서 태어난 사람은 다 세상을 이기기 때문입니다. 세상을 이긴

13. 천국 패스포트는 거듭난 사람에게만 주어진다

> 승리는 이것이니, 곧 우리의 믿음입니다. 세상을 이기는 사람은 누구입니
> 까? 예수가 하나님의 아들이심을 믿는 사람이 아니고 누구겠습니까?(요일
> 5:4-5)

장마철에 나무도 뿌리째 뽑히고, 집과 소까지 떠내려가는 것을 어렸을 때 본 적이 있다. 그러나 유일하게 떠내려가지 않는 것이 있다. 물고기다.

물고기는 아무리 거센 물살이 밀려와도 떠내려가지 않는다. 오히려 거슬러 올라간다. 힘센 물고기만 그런 것이 아니다. 송사리들도 그 엄청난 물살을 헤치고 거슬러 올라간다. 그래야 살 수 있기 때문이다. 물살이 세고, 거슬러 올라가기 힘들다고, 물 흐르는 대로 자신을 맡기고 떠내려가다 보면 죽고 만다. 그래서 죽기 살기로 거슬러 올라가는 것이다.

우리도 세상 조류에 떠밀려 내려가면 영적으로 다 죽고 만다. 물살을 거슬러 올라가지 않는 물고기는 죽은 물고기다. 세상을 거슬러 살지 않는 기독교인은 죽은 기독교인이다. 거듭나지 않은 기독교인이다. 그래서 세상 물결을 거슬러 올라갈 수 없는 것이다. 세상 물결에 떠밀려 내려가다 죽는 것이다.

> 너희가 세상에 속하여 있다면, 세상이 너희를 자기 것으로 여겨 사랑할 것
> 이다. 그러나 너희는 세상에 속하지 않았고 오히려 내가 너희를 세상에서
> 가려 뽑아내었으므로, 세상이 너희를 미워하는 것이다(요 15:19).

우리는 세상 사람들과 가치관과 인생관이 다르다. 삶의 방식이 다르다. 삶의 종착지도 전혀 다르다. 우리는 그들과 똑같은 삶을 살 수 없

는 존재이다.

A. W. 토저 목사님은 이렇게 외친다.

"과거에 세상이 교회를 따랐던 적이 있다. 교회가 주도권을 쥐고 앞장서 나갔으며 세상은 교회를 뒤따랐다. 하지만 지금은 정반대다. 지금은 교회가 무릎을 꿇고 세상을 흉내내고 있다.

오늘날 교회는 '제발 우리를 이상한 사람으로 취급하지 마십시오. 우리는 예수님을 믿는다는 것을 제외하고는 다른 모든 면에서 당신들과 똑같습니다' 라고 말하고 있는 것 같다.

오늘날 기독교가 많은 시간과 돈과 노력을 쏟아 부으면서 세상에 전하는 것이 무엇인가? 성경과 세상을 섞어놓은 기독교를 전하고 있지는 않는가?

십자가의 기독교는 세상의 비위를 맞추려고 아첨하지 않는다. 교회는 세상의 적대적인 태도를 두려워하여 움츠러들지만 성령님은 말씀하신다. 세상을 두려워하지 말라고! 참된 기독교인은 이 세상에 살지 않는 것처럼 이 세상에서 살아야 한다"(A. W. 토저,《세상과 충돌하라》).

거듭난 사람은 세상 사람들이 살아가는 방식대로 살아가지 않는다. 세상 사람들이 하는 대로 따라하지 않는다. 세상 사람들이 가는 길을 좇아가지 않는다.

거듭난 사람은 구습을 좇는 옛사람을 벗어버리고 새사람을 입은 사람들이다. 세상 사람들의 사고방식을 따르지 않는다.

거듭난 사람은 세상 사람들이 갖고 있는 세속적인 가치관을 거부한다. 세상적인 것에 얽매여 살아가지 않는다. 세상적인 것에 집착하지 않는다. 거듭난 사람은 세상에 파묻혀 살아가지 않는다. 거듭난 사람은 세상의 물결에 휩쓸려 내려가지 않고 예수님을 믿는 믿음으로 세상 물결을 거슬러 올라가는 삶을 살아야 한다.

13. 천국 패스포트는 거듭난 사람에게만 주어진다

우리는 세상 일로 염려하지 말고, 세상적인 것을 얻으려고 발버둥치지 말고, 세상이 가져다주는 기쁨과 즐거움에 빠지지 말고, 믿음으로 유혹을 떨쳐버리고, 하늘의 것을 바라보며 하늘의 것을 추구하며 하늘의 기쁨을 맛보며 살아야 한다.

14_ 천국 패스포트는
민음을 지키는 동안에만 유효하다

도중하차 전도무효 | 지옥의 실상 | 천로역정 | 끝까지 끝까지

나는 선한 싸움을 다 싸우고, 달려갈 길을 마치고, 믿음을 지켰습니다. 이제는, 나를 위하여 의의 월계관이 마련되어 있으므로, 의로운 재판장이신 주께서, 그 날에 그것을 나에게 주실 것이며, 나만이 아니라 주께서 나타나실 것을 사모하는 모든 사람에게도 주실 것입니다.

디모데후서 4:7-8

도중하차 전도무효

　　교회에서 옐로우스톤(Yellowstone) 국립공원으로 경로여행을 간 적이 있다. 옐로우스톤에 가려면 솔트 레이크(Salt Lake City)까지 비행기로 가야 했다. 비행기 요금을 알아 보니 달라스(Dallas)에서 솔트 레이크까지 가는 것보다, 솔트 레이크를 경유해서 덴버(Denver)까지 가는 것이 훨씬 저렴했다. 그래서 갈 때는 솔트 레이크에서 내려서 옐로우스톤을 보고, 돌아올 때는 로키 산맥 국립공원을 둘러보고 덴버로 와서 비행기를 타고 오는 것으로 여행 일정을 정했다.

　　하지만 문제가 발생했다. 최종 목적지인 덴버까지 가지 않고 솔트 레이크에서 내리면, 돌아올 때 표가 다 무효가 된다고 하는 이야기를 댈러스 공항에서 들은 것이었다. 나는 도중하차 전도 무효를 알고 있었지만, 돌아오는 표까지 무효가 되리라고는 생각지 못했었다.

　　이미 모든 여행일정이 잡혀 있었기 때문에 덴버까지 갈 수 없는 상

14. 천국 패스포트는 믿음을 지키는 동안에만 유효하다

황이었다. 그래서 일단 예정대로 솔트 레이크에서 내렸다. 그리고 표를 끊은 여행사에 전화를 해보았으나 역시 돌아오는 표는 사용할 수 없을 것이라고 하는 것이었다. 대신 위약금을 물으면 티켓을 재발급 받을 수 있다고 하는 사실을 알게 되었다.

돌아오는 티켓을 사용할 수 없을 줄 알았던 우리에겐 감사한 일이었다. 여행사를 통해 재발급 받을 수 있도록 다 조치를 취해놓고 일정대로 여행을 계속했다. 돌아오기 전날 항공사로 전화를 했다. 하지만 비행기 티켓을 재발급해 줄 수 없다고 했다. 순간 아찔했다. 이유를 물으니, 우리가 예약한 티켓에는 아무 이상이 없다고 하는 것이었다. 도중하차 전도무효(途中下車 前途無效)의 원칙에 따라 당연히 우리가 예약한 티켓은 취소되어 있어야 했으나, 기적이 일어난 것이다. 아마 돌아올 때는 다른 항공사를 이용했기 때문에 이런 일이 일어났던 것 같다. 그렇게 해서 벌금(총 3천 달러 정도)도 물지 않고 무사히 여행을 마치고 비행기로 돌아올 수 있었다. 아무튼 목적지까지 가지 않고 도중하차했다가 큰 낭패를 당할 뻔했다.

천국행 열차에서 도중하차 하면 절대로 안 된다. 비행기 티켓이나 버스표나 기차표에만 '도중하차 전도무효'가 해당되는 것이 아니다. 천국행 티켓도 '도중하차 전도무효'이다.

우리는 예수님을 통해서 천국행 티켓을 얻었다. 그리고 그 티켓을 가지고 구원 열차에 올라탈 수 있게 되었다. 우리는 지금 구원 열차를 타고 천국을 향해 가고 있다. 그러나 이 열차에 올라탔다고 해서 다 천국에 이르는 것은 아니다. 도중에 내리는 사람들이 많이 있기 때문이다. 교회 앞문으로 들어왔다가 뒷문으로 슬그머니 빠져나가는 사람들이 얼마나 많은가?

교회 다니지 않는 사람들의 이야기를 들어보면 어렸을 때 교회 한

두 번쯤은 다 나가본 사람들이다. 천국행 열차를 올라탔다가 도중에 하차를 하고 만 것이다. 성경에도 그런 사람들이 나온다.

> 믿음과 선한 양심을 가지십시오. 어떤 사람들은 선한 양심을 버리고, 그 신앙 생활에 파선을 당하였습니다. 그렇게 된 사람 가운데 두 사람이 바로 후메내오와 알렉산더입니다(딤전 1:19-20).

이들이 어떤 사람이었고, 어떻게 신앙생활을 했는지, 무슨 이유로 믿음의 배가 파선하게 되었는지 알 길이 없다. 그러나 우리가 분명히 알 수 있는 것은 그들은 천국에 들어가지 못했다는 것이다. 왜냐하면 도중에 하차했기 때문이다.

옐로우스톤에 갈 때, 우리는 솔트 레이크에서 내렸고 덴버로 가는 다음 비행기를 갈아타지 않았다. 그 비행기 탑승자 명단에 우리가 들어 있었으니 우리를 계속 찾았을 것이다. 그래도 끝내 우리가 나타나지 않자 비행기는 문을 닫고 출발했을 것이다.

알렉산더와 후메내오도 천국행 열차에 올라탔고, 천국 입국자 명단에 올라가 있었지만, 도중에 내렸다. 천국에 들어갈 수 있는 자격이 주어지긴 했지만 스스로 포기해서 못 들어가고만 것이다. 천국행 티켓을 가지고 있었지만 우리처럼 목적지까지 가지 않고 도중에 하차한 것이다. 도중하차 전도무효가 된 것이다. 처음에는 예수 잘 믿다가 나중에 믿음에서 떠난 사람들이 다 그런 사람들 아니겠는가?

> 우리는 뒤로 물러나서 멸망할 사람들이 아니라, 믿음을 가져 생명을 얻을 사람들입니다(히 10:39).

14. 천국 패스포트는 믿음을 지키는 동안에만 유효하다

천국행 열차를 탔으면 종착역인 천국에 이를 때까지 내리지 말아야 한다. 도중에 하차하면 아무 소용이 없다. 도중하차 하면 지금까지의 신앙생활이 다 무효가 된다.

예수님은 두 가지 길이 있다고 하셨다.

> 좁은 문으로 들어가거라. 멸망으로 이끄는 문은 넓고, 그 길이 널찍하여서, 그리로 들어가는 사람이 많다. 생명으로 이끄는 문은 너무나도 좁고, 그 길이 비좁아서, 그것을 찾는 사람이 적다(마 7:13-14).

'멸망에 이르는 길(highway to hell)'과 '생명에 이르게 하는 길(highway to heaven)'이다. 사람들이 다 다른 길을 가고 있는 것처럼 보이지만 인생의 종착역은 둘 중의 하나다. 지옥 또는 천국이다.

안타깝게도 대부분의 사람들이 천국에 이르는 길이 아니라 멸망에 이르는 길을 가고 있다. 생명에 이르는 길은 좁고 험하나, 멸망에 이르는 길은 넓고 편하기 때문이다. 그러나 자기들이 가는 그 길이 지옥에 이르는 길이라는 것을 알고 가는 사람이 있겠는가? 그 길이 지옥에 이르는 길인지 모르기 때문에 그 길을 가는 것 아니겠는가? 지옥에 가서 물어보라. 백이면 백, 다 지옥이 있는 것을 알았다면 절대로 그곳에 오지 않았을 것이라고 이야기할 것이다. 그리고 왜 지옥이 있는 것을 가르쳐주지 않았느냐고 우리를 원망할 것이다.

우리는 감사하게도 지금 천국에 이르는 길에 들어섰다. 지금 가는 그 길로 계속 가면 생명에 이르는 문, 천국 문이 나올 것이다. 문제는 천국에 이르는 길에 들어섰다고 해서 모두 천국에 가는 것은 아니라는 점이다. 미국 40번 하이웨이의 서부 종착역은 LA이다. 그러나 40번 하이웨이를 탔다고 해서 모두 LA에 도착하는 것이 아니다. LA까지 가기 위해서는 수많은 출구를 지나쳐야 한다. 그곳으로 빠져나가면, LA가 아니라 다른 곳으로 가버리게 된다.

많은 사람들이 천국행 고속도로를 올라탔다가 도중에 다른 출구로 빠져버리는 이유가 무엇일까? 도중하차 하고 마는 이유가 무엇일까? 출구 인터뷰(exit interview)를 해보았더니 이런 대답들이 나왔다고 한다(이상화, 《청소년들이 교회를 떠나는 33가지 이유》).

- 무조건 덮어놓고 믿으라고 해서 싫다.
- 예수님은 좋은데 교회는 싫다. 반드시 교회 나가서 예배드려야만 한다고 생각하지 않는다.
- "하지 말라!"는 것이 너무 많아서 싫다.
- 서로 충돌하는 교리들 때문에 혼돈이 생긴다. 이성적으로 납득이 가지 않는다.
- 이 세상과 너무 동떨어진 설교 때문에 교회 가기 싫다.
- 구체적인 체험이 없어서 교회 가기 싫다.
- 사랑을 강조하는 교회가 다른 종교를 인정하지 않는 것 같아 교회 가기 싫다.
- 내가 겪고 있는 현실적인 어려움을 당장 해결해주는 곳이 아니다.
- 교회가 너무 자기 중심적인 것 같다.
- 교인들이 질투하고 싸우는 모습이 싫어서 교회 가고 싶지 않다.
- 헌금을 강요하는 것 같아서 싫다.
- 교인들이 교회 안에서 하는 행동과 교회 밖에서 하는 행동이 다르기 때문에 교회 가기 싫다.
- 교회의 분위기에 잘 어울리지 못하겠다.

14. 천국 패스포트는 믿음을 지키는 동안에만 유효하다

- 너무 따분하고 지루해서 교회 가기 싫다.
- 적응하기 너무 어렵다.

지옥의 실상

이렇게 도중하차 해버리면 결국 멸망에 이르는 길로 접어들게 된다. 그리고 종착역인 지옥에 도착하게 된다. 지옥은 어떤 곳인가?

- 입구만 있고 출구는 없는 곳이다. 한 번 들어가면 영원무궁토록 나올 수 없는 곳이 지옥이다.
- 그곳에서는 회개해도 소용없다. 이 땅에서 회개했으면 절대로 그곳에 가지 않았을 것이다. 그러나 그곳에서 회개한다면 이미 너무 늦어버린 것이다. 지옥에서는 두 번 다시 기회가 주어지지 않는다.
- 그곳은 "걸", "걸" 하는 소리만 들린다. "예수 믿을 걸……", "교회 잘 다닐 걸……", "끝까지 신앙생활 잘 할 걸……", "죄짓지 말 걸……". 그러나 후회해도 소용 없다.
- 사실 지옥은 선택해서 간 곳이다. 그러나 그곳에서는 더 이상 선택의 여지가 없다. 이 땅에서는 지옥 갈지 천국 갈지 선택할 수 있지만 일단 그곳에 가서는 선택할 수 있는 것이 아무것도 없다.
- "이곳에 들어가는 이들은 일절 모든 소망을 다 포기할 것". 지옥 입구에 쓰여 있는 문구다. 그곳에서는 아무런 소망도 가질 수 없다. 더 나아질 수 있는 가능성은 전혀 존재하지 않는 곳, 영원무궁토록 절망 가운데 살아갈 수밖에 없는 곳이 바로 지옥이다.

- 지옥은 영원한 형벌을 받는 곳이다. 죄질에 따라 형량이 달라지는 곳이 아니다. 그곳에 들어간 사람들에게 주어지는 형량은 똑같다. 절대로 풀려날 수 없는 무기수로서 형을 받아야 한다. 죄가 좀 가벼운 사람은 십만 년 형벌을 받고 더 무거운 사람은 백만 년 형벌을 받는 곳이 아니다. 그곳에서 백만 년 동안 형벌을 받았더라도 그들이 앞으로 받아야 할 형벌에 비하면 한 시간 아니 일 분도 되지 못한다.

천로역정

천성 가는 길이 아무리 어렵고 힘들어도 끝까지 가야 한다. 어떤 일이 있어도 천국에 이르는 고속도로에서 도중하차 해서는 안 된다. 다른 출구로 빠져나가서는 안 된다.

존 번연의 《천로역정》은 천국에 이르는 길이 얼마나 험한 길인지를 잘 보여준다. 장망성을 떠나 천국을 향해 가지만, 세상 사람들이 붙잡는다. 뜻하지 않은 진탕에 빠지고, 좁은 문을 통과해야 하는 상황을 맞기도 한다. 사자를 만나기도 하고, 곁길로 빠져 위험한 지경에 놓일 때도 있다. 사망의 음침한 골짜기를 지나 사단과 영적인 전쟁을 치르기도 한다. 핍박과 억울한 일이 기다리고 있으며, 또 어떤 사람은 순교를 당하기도 한다. 때로는 절망의 옥에 갇히기도 한다.

천로역정에 나오는 '크리스천' 처럼 장망성을 떠나 천성을 향해 떠나기는 했지만 세상에 매이고 유혹의 덫에 걸려 고난과 시련의 용광로를 통과하지 못하고 도중하차 하는 사람, 불 같은 시험을 만나 도중하차 하는 사람이 얼마나 많은지 모른다.

14. **천국** 패스포트는 믿음을 지키는 동안에만 유효하다

하나님께서 이스라엘 백성을 출애굽시키려고 하실 때 바로는 10가지 재앙을 다 받으면서도 그들을 보내주려고 하지 않았다. 이것이 바로 세상이고 사단이다. 결코 우리가 쉽게 천성을 향해 가도록 내버려두지 않는다. 많은 사람들이 교회 나오는 것이 그렇게 어려운 것도 사단이 놓아주지 않기 때문이다. 전도가 어려운 이유도 바로 여기에 있다.

교회 나오고 예수 믿기 시작했다고 해서, 다 되는 것이 아니다. 출애굽을 했다고 해서 다 가나안에 들어간 것이 아니었다. 바로는 할 수 없이 놓아주긴 했지만, 금방 후회하고 뒤쫓아 갔다. 이집트의 군사들이 병거를 타고 이스라엘의 뒤를 쫓았다.

사단은 끝까지 우리를 포기하지 않는다. 많은 사람들이 교회에 나왔다가 다시 세상으로 돌아간다. 뒤쫓아 온 바로의 군대가 무서워 항복하고 다시 이집트로 돌아가는 것이다. 이집트에서 나와 가나안을 향해 출발은 했지만 얼마 가지 못해서 다시 이집트로 돌아가 종노릇을 하며 사는 것이다.

또한 가나안을 향해 가다가 보면 홍해를 만나기도 한다. 그러나 하나님의 은혜로 홍해도 잘 건너게 된다. 홍해를 건넜다고 해서 가나안에 다 온 것이 아니다. 광야를 지나야 한다. 때로는 아말렉 군대와 싸워야 한다. 너무 힘들고 지친 나머지, 이집트로 돌아가는 것이 더 낫겠다고 생각될 때도 있다.

그러나 광야에서 불평하고 원망하고 이집트로 다시 돌아가려고 했던 사람들은 단 한 사람도 가나안에 들어가지 못했다. 영적으로 출애굽은 했어도 가나안에는 들어가지 못하는 사람들이 많다. 장망성을 떠나오긴 했지만 천성에는 들어가지 못하는 것이다.

소돔과 고모라 성이 멸망당할 때 하나님께서 롯의 가정을 구해주셨다. 그들에게 급히 성을 빠져나오라고 일러주셨다. 그러나 롯의 사위들은 그 말을 믿지 않고 빠져나오지 않았다. 그래서 소돔과 고모라 성과 함께 멸망을 당하고 말았다.

그러나 롯과 롯의 아내, 롯의 딸들은 급히 그 성을 빠져나왔다. 그렇다고 그들 모두에게 구원이 임한 것은 아니었다. 하나님은 절대로 뒤돌아보지 말라고 하셨지만 불행히도 롯의 아내는 뒤돌아보았다. 그리고 그 순간 소금기둥이 되고 말았다.

예수님도 쟁기를 손에 쥐고 뒤를 돌아보는 자는 하나님 나라에 합당치 않다고 하셨다. 장망성을 빠져나온 사람들은 절대로 뒤돌아 세상을 보아서는 안 된다. 과거로 돌아가서는 안 된다. 옛사람을 벗어버려야 한다. 옛사람으로 돌아가서는 안 된다.

끝까지 끝까지

바울은 인생의 종점에 서서 자신의 인생을 회고하면서 고백했다.

> 나는 선한 싸움을 다 싸우고, 달려갈 길을 마치고, 믿음을 지켰습니다. 이제는 나를 위하여 의의 면류관이 마련되어 있으므로, 의로운 재판장이신 주님께서 그 날에 그것을 나에게 주실 것이며, 나에게만이 아니라 주님께서 나타나시기를 사모하는 모든 사람에게도 주실 것입니다(딤후 4:7-8).

바울은 다른 것이 아니라 끝까지 믿음을 지켜 완주한 것을 자랑하며 고백했다. 1등을 해서 상을 받을 것이라고 말하지 않았다. 끝까지 다 달려왔고 마지막까지 믿음을 지켰으므로, 상을 받을 것이라고 고백했다.

1968년 멕시코 올림픽에서 있었던 일이다. 승리의 월계관을 쓰기 위해 세계 각국에서 출전한 수백 명의 선수들이 출발 신호와 함께 일제히 힘찬 질주를 시작했다. 그런데 한 선수가 옆에 있는 선수와 부딪히면서 쓰러지고 말았다. 뒤따라오던 선수들은 그를 밟고 지나갈 수밖에 없었다.

그는 무릎과 발목에 심한 부상을 입었다. 일어나 다시 뛰어보려고 했지만 뛸 수가 없었다. 눈에서는 눈물이 글썽거렸다. 그러나 포기하지 않았다. 가는 데까지 가보겠다고 마음먹었다. 그는 넘어질 듯 넘어질 듯 위태위태한 모습으로 달렸다. 아니 걸었다. 한쪽 다리에는 피가 흥건히 고여 있었다. 그래도 그는 계속 달렸다.

환호해주는 이 한 명도 없는 외로운 레이스였다. 그렇지만 이를 악물고 끝까지 뛰었다. 어느덧 해는 다 저물어가고, 경찰차 두 대만이 불을 밝히며 그의 뒤를 따랐다. 경기가 끝난 지 오래였다. 메인 스타디움의 불도 거의 다 꺼져가고 있었다. 결승점에 도달하자마자 그는 땅에 엎어졌다. 눈물이 주르륵 흘러내렸다. 그러나 그는 결코 불행해 보이지 않았다. 그는 세상에서 가장 행복한 미소를 마음속으로 짓고 있었을 것이다.

이 선수는 아프리카의 탄자니아에서 온 36세의 존 스테판 이쿠와리였다. 그에게 물었다.

"꼴찌 할 것을 알면서도 뭐 하러 부상당한 몸으로 어려운 코스를 다 뛰었습니까?"

그가 답했다.

"나는 7천 마일을 날아서 이곳에 왔습니다. 내 조국이 나를 이렇게 먼 곳에 보낸 것은 경기를 시작하라고 보낸 것이 아니라, 완주하라고 보낸 것입니다."

믿음의 경주를 끝까지 하는 사람만이 천국 문에 들어갈 수 있다. 그런 사람만이 영광의 면류관을 받아 쓸 수 있다. 그러나 끝까지 신앙을 지킨다는 것은 쉬운 일이 아니다.

> 그들은 제자들의 마음을 굳세게 해주고, 믿음을 지키라고 권하였다. 그리고 또 이렇게 말하였다. "우리가 하나님 나라에 들어가려면, 반드시 많은 환난을 겪어야 합니다"(행 14:22).

> 그러나 끝까지 견디는 사람은 구원을 얻을 것이다(마 24:13).

> 우리가 처음 믿을 때에 가졌던 확신을 끝까지 가지고 있으면, 우리는 그리스도께서 주시는 구원을 함께 누리는 사람이 될 것입니다(히 3:14).

> 너희는 내 이름 때문에 모든 사람에게서 미움을 받을 것이다. 그러나 끝까지 견디는 사람은 구원을 얻을 것이다(마 10:22).

> 이기는 사람, 곧 내 일을 끝까지 지키는 사람에게는, 민족들을 다스리는 권세를 주겠다(계 2:26).

옥중 생활을 했던 주기철 목사님도 어려운 때에 이렇게 노래했다.

> 눈물 없이 못 가는 길 피 없이 못 가는 길
> 영문 밖의 좁은 길이 골고다의 길이라네
> 영생복락 얻으려면 이 길만은 걸어야 해
> 배고파도 올라가고 죽더라도 올라가세.

14. 천국 패스포트는 믿음을 지키는 동안에만 유효하다

1997년에 소천한 안이숙 여사도 이렇게 노래했다.

> 좁은 이 길 진리의 길 주님 가신 그 옛길
> 힘이 들고 어려워도 찬송하며 갑니다
> 성령이여 그 음성을 항상 들려줍소서
> 내 마음은 정했어요 변치 말게 하소서
> 내일 일은 난 몰라요 장래 일도 몰라요
> 아버지여 아버지여 주신 소명 이루소서.

환난과 시험과 고난을 극복하고 끝까지 믿음을 지킨 사람들에게는 영광의 면류관이 주어질 것이다. 우리도 인생의 종착점에 서서 선한 싸움을 다 싸웠다고, 달려갈 길을 다 달려갔다고, 끝까지 믿음을 지켰다고 고백할 수 있을 때, 우리는 천국 심사대에서 천국 시민권을 자신 있게 보여줄 수 있을 것이다. 그리고 우리에게 주어진 천국 열쇠로 천국 문을 활짝 열고 들어가 그립던 주님을 만나 뵙고 그곳에서 영원히 주님을 찬양하며 영생 복락을 누리게 될 것이다.

[판권소유]

천국 패스포트(Passport)

2007년 10월 20일 인쇄
2007년 10월 25일 발행

지은이 | 이진희
발행인 | 이형규
발행처 | 쿰란출판사

주소 | 서울 종로구 이화동 184-3
TEL | 02-745-1007, 745-1301, 747-1212, 743-1300
영업부 | 02-747-1004, FAX / 02-745-8490
본사평생전화번호 | 0502-756-1004
홈페이지 | http://www.qumran.co.kr
E-mail | qumran@hitel.net
         qumran@paran.com
한글인터넷주소 | 쿰란, 쿰란출판사

등록 | 제1~670호(1988.2.27)

책임교열 | 오 완 · 김윤이

값 9,000원

ISBN 978-89-5922-451-7 93230

＊ 이 출판물은 저작권법에 의해 보호를 받는 저작물이므로 무단 복제할 수 없습니다.
  잘못된 책은 교환해 드립니다.